保護者と先生のための

応用行動分析入門ハンドブック

子どもの行動を「ありのまま観る」ために

監修者
井上雅彦

著者
三田地真実・岡村章司

金剛出版

監修のことば

「指示に従わない」,「パニックを起こす」, など子どもの行動をどのように理解し, 対応するかということについての悩みは, 保護者も教師も共通しています。私たちはその行動について,「ストレスがあるから」,「反抗期/思春期だから」,「発達障害だから」, などさまざまな理由を探そうとします。

しかし, 行動の原因を内的なストレス, 発達, 障害特性というものに求めることで一応の納得は得られても, 多くの場合それらの原因が直接的に問題の解決に繋がるわけではありません。それらは一般的な対処法を指南してくれるだけなのです。

本書は, そうした一般的な対処法についてのガイドブックではなく, 一人ひとりの個別的な行動に対して, ありのままに観察し, 仮説を立て, 実践していくプロセスの中で理解していくという, 行動分析学による保護者と教師のためのガイドブックです。

行動を機能でみるという技によって, 見えてくるものは, 大人が「問題行動」と考えているものの多くが, 子どもにとってはコミュニケーションであったり, 遊びだったりするということです。その中で私たちは「子どもがなぜそのような行動を取らざるを得なかったか」という環境に目を向けていくことになるでしょう。一般的な療育や教育にのらないのは, その子どものせいではなく, またその行動が問題なわけでもなく, その療育・教育環境が子どもにあっていないということこそが問題になるのです。

本書を通して, 考えていただきたいのは, 読者自身の行動もまた自身の環境によって影響を受けているということです。大人の社会が常に正しく, 適切に子どもを導けるとは限りません。私たち自身の行動もまた, ありのままに観察し, 機能を分析していくことで, すべての人が生活しやすい社会環境に近づいていけるのだと思います。

平成31年4月22日

井上　雅彦

はじめに

～「ありのままに観る」ことの本当の意味～

「子どものありのままを認めましょう」
「子どもの気持ちに寄り添って」

こういうフレーズは子育てに疲れている親御さんや，自分の指導に悩んでいる教師の心をぐっとつかんで離さないようです。

これらは諸刃の剣で，ややもすると「何もしないで様子をみておく」という大人側の積極的な関わりをストップしてしまう，さらにはどのようにしたら問題を解決していけるかについての「具体的な手立て」を考えること自体を止めてしまうというリスクがあります。

しかし，この本で一番お伝えしたいこともまた，「ありのまま子どもの“行動”を観る」ということに尽きるのです。「そんな簡単なこと？」そう思われるかもしれません。しかし，私たち大人の多くは「ありのままに現象を観る」訓練をほとんど受けてきていません。そのために自分の目の前でどのようなことが起きているのかということを，客観的に起きている事実を飛び越して「解釈だらけ」の見方で語ってしまいがちなのです。

たとえば，以下のイラストを見て瞬時にどう思われるでしょうか？

「だらしない」
「授業をサボっている」
「授業をきちんと聞いていない」
「親のしつけがなってない」　　など

これらはいずれも「解釈だらけ」の主観が入った表現です。

「え？ そうなの？」と思われた方は，本書の13ページ以降に詳しい解説がありますので，ご覧ください。

この子の行動を「そのまま」，つまり「ありのまま」表現すれば，「姿勢が崩れている」というだけで，授業をサボっているとか，だらしないというのは，見ている側の解釈に過ぎないのです。

さらに付け加えれば，ありのままに，つまり自分勝手な主観を入れず，客観的にその子どもの行動を観ることができれば，それだけでもかなりの部分，適切な指導に結び付けられることができます。（この具体的な事例については，14～21ページで紹介しています）

逆に解釈だらけの見方をしていると，真の解決策から遠のくばかりか，その子の悪い面ばかりが強調されて大人側の解釈でその子のマイナスイメージが膨らんでいく可能性があります。そのために，指導のヒントはその子が適切に行動できている場面に実はたくさん秘められているということに気づけなくなってしまうという残念なループに陥りがちです。
本書を読み進めて実際にわが子，あるいは担当の児童生徒さんを「ありのままに観る」ことを繰り返していただくうちに，親御さん，そして先生方がその子の気になる面ではなく，むしろ「きちんと行動できている場面」「良いところ」にこそ目が向けられるようになり，そういう良い面を「ありのままに観てさらに伸ばしていける」ようになること，実はそれがこの本の最終的なゴールです。

本当の意味での「ありのままにその子の行動を観る」「その子に寄り添った指導ができる」ようになるために，一つずつステップを進めていきましょう。

平成31年4月30日
三田地　真実

この本の使い方

この本を手に取ってくださった皆様は，おそらく親御さんのお立場で，あるいは先生のお立場で，目の前のわが子あるいは児童生徒さんの問題行動･気になる行動を「応用行動分析学（Applied Behavior Analysis, 略して ABA）」を使って，何とかしたいと思われている方でしょう（本書では，問題行動・気になる行動・困っている行動などはこの後「気になる行動」として表記します）。

いますぐに気になる行動を何とかしたいという方は，第1部にお進みください。

まずは行動の原理をしっかり学んでから，気になる行動に向き合いたいという方は第2部へお進みください。

指導の実際をまず知りたいという方は，第3部をご参照ください。

第1部と第2部はどちらから読んでいただいても，ゴールには辿り着けるようになっていますが，皆様の興味関心の強い章から読み進めていただいた方が皆様にとってよりこの本が役立つ＝「機能」すると思います。第3部は実際の指導のプロセスを辿れるようになっていますので，家庭で，あるいは学校現場でのリアルな進め方が知りたい方はそちらから読まれることをお勧めします。

また本書で紹介している事例や記録用紙は，できるだけ①親御さんの立場での理解を進めるものと，②教員の立場での理解を進めるものとの両方をできるだけ並列しています。これについてもご自身のお立場に合った事例・記録用紙をまずじっくりと見ていただき，次に別の立場のものを見ていただくと，理解がさらに深まると思います。

最後になぜ，親御さんの立場と先生方の立場の両方でこの本が書かれているのか，少し考えてみていただければと思います。

その答えは，「おわりに」に記したいと思います。

目　次

コラム

第 1 部

子どもの「気になる行動」に対処するための指導ステップ

ステップ 1

ありのまま上手への道

このステップで実施すること

① 「気になる行動」を書き出そう
② ①で書き出した「気になる行動」は「具体的な行動」かどうか見直そう
③ 本当に減らしたい行動？　それとも，大人の期待が隠された行動？
　さらには解釈だらけの表現？　見極めて具体的な行動で表現しよう
④ 気になる行動の代わりに何をするのかを考えよう
⑤ 生活全体の中で見直そう

この本を手にしたお母さん・お父さん，そして先生方はおそらく目の前のわが子，児童生徒が起こしている「気になる行動」を何とかなくしたいと思っていらっしゃることでしょう。この章は，そんな「困っている親御さんの気持ち」「先生の気持ち」になるべく沿った形で指導に携われるようなステップになっています。まずは，思いつくままに書くところからスタートします。

プチステップ① 「気になる行動」を書き出そう

まずこのステップでは，今皆さんが気になっている相手の行動（わが子，クラスの児童生徒，あるいは同僚・家族，自分の行動でも構いません）を思いつくままに書きだしてみます。ここでは，言い回しなどは余り深く考えず，思いつくままにいくつでも書いててください。このフォームは巻末資料A（161ページ）にありますのでコピーしてお使い下さい。

ワーク

「気になる行動を書き出そう」(以下のシートの①のところに書き込みます)

「気になる行動」と表現される内容を具体的な行動にするためのフォーム

誰の? (対象となる人の名前を書く) (プチステップ①)	気になる行動としてまず書き出す (プチステップ①)	具体的な行動か? (観察可能?再現可能?)判定する (プチステップ②)	具体的な行動で表現してみよう! (プチステップ③)	指導のターゲットとなる適切な具体的な行動に変換する (ターゲット行動となるよう表現する) (プチステップ④)
例: 息子	だらしがない			
自分	自己肯定感が低い			

プチステップ② ①で書き出した「気になる行動」は「具体的な行動」かどうか見直そう ～ありのままに観ることの真の意味はここ～

次に,①で書き出した「気になる行動」が「具体的な行動」で書かれているかどうかを見ていきます。なぜならば,「具体的な行動」のみが実際の指導の対象として扱うことができるからです。

ここで,クイズです。以下に,親御さんや先生方(以下,大人とする)が何とかしてほしいという「気になる行動」としてよく使われる表現をいくつか挙げています。これらの中には具体的な行動として表現されているものと,一見具体的な行動のように見えるけれども,実は表現している人の主観的な表現になっているものが混ざっています。皆さんは,どれが「具体的な行動」でどれが「そうでない表現」か,パッと区別できるでしょうか。早速トライしてみてください(クイズの下にある答えは見ないで考えてみてください)。

クイズ「次の表現は具体的な行動でしょうか？　主観的な表現でしょうか？」

①タカは　自己肯定感が低い
②マリーは，よく忘れ物をする
③ツヨシは，友達を叩いた
④タツヤは，掃除をさぼる
⑤フミは，だらしない
⑥ミキは，パニックを起こす
⑦サトシは，不登校である
⑧マミは，落ち着きがない

答え：　具体的な行動は③「ツヨシは，友達を叩いた」のみで，残りはすべて具体的な行動ではない。

え？と驚かれたかもしれません。それでは「具体的な行動」と判定できる表現とはどういうものでしょうか。この判定基準は，次の二つの条件を満たすものです。

1）観察可能であること
出現した，しないかが誰が見てもはっきりわかる行動
2）再現可能であること
その表現を聞いた人が同じように行動できること

この条件に照らし合わせると，具体的な行動なのは③の表現のみということになります。
それでは先の例で，確認していきましょう。まず以下の表現についてはどうでしょうか。

⑤フミは，だらしない

この表現は，大人が気になる行動として挙げるトップテンに必ず入ってくるものです。パッと見ると，先の条件（1）観察可能のように思えるのですが，条件（2）再現可能かどうか？ に照らし合わせてみるとどうでしょう。「だらしないという行動をとってみてください」と何人かにお願いしたとすると，「同じ行動」が表れるでしょうか？ 「だらしない」と判断される行動には次のようなさまざまな行動が含まれることがおわかりいただけると思います。

✓ シャツの端がズボンからはみ出ている
✓ 靴のかかとを踏んでいる
✓ ゴミを床に捨てる　　など

「だらしない」ということを判断するためには，いくつものその子の具体的な行動や状態を見て総合的に表現しているということがわかります。だらしないを何とかしなければ……と思っている親御さんや先生方がそれを正そうとすると，自ずと，

「ちゃんとしなさい」「だらしなくしちゃだめ」

という言葉が口から出てきますが，これで「だらしない」が直らないとすると，どうすれば良いのでしょうか。具体的に「靴のかかとは踏まずに履く」などその子がどうすれば良いかを示すことが必要になってきますね。

先の例の中で類似の例は，以下の二つです。いずれも再現しようとすると，何通りもの具体的な行動が考えられますね。

⑥ミキは，パニックを起こす
⑦マミは，落ち着きがない

このような表現の場合には，「さらに具体的な行動にすると……」と考えて，再現可能な表現に修正していくことが必要です。

それでは別の例について考えてみましょう。

②マリーは，よく忘れ物をする

これも気になる行動として大人がよく挙げる表現です。具体的には，「持ち物を持って来るべきときに持ってきていない」となります。わが子が，あるいは担当の児童生徒が「よく忘れ物をする」ことを問題と感じている大人がそれを正そうとして使う注意はどういう表現になるでしょうか？

「忘れ物しちゃだめでしょ」「忘れないようにしなさい」

忘れ物をすることが問題と捉えているので，それを「してはいけない」という注意になってい

るわけです。

しかし，何度この注意をしても「忘れ物をし続けたら」，そもそも「忘れ物しちゃだめ」という注意自体に効果があると言えるでしょうか？　効果はないと判断されますね。それでは，この子には何と声をかけるのが良いのでしょうか？

ここまで来ておわかりかと思うのですが，「忘れ物しちゃだめ」と注意している大人には「真の願い」が隠されています。それは，「必要な持ち物を持ってきて欲しい」ということです。本当に大人が願っている具体的な行動（この場面では，持ち物を持ってくること）をその子が「していない」ので問題だと捉えているというパターンです。

こういう場合には，以下のように変換するとその後の指導にも結び付きやすくなります。

「持ち物を持ってくる（期待する行動）」ことが増えて欲しいと自分は考えている。

このように考えてくれば，声掛けの仕方はどのように変わるでしょうか？

「明日は，国語と算数があるから，教科書とノートを揃えて持ってきてね」

自然に声をかける側も本当にその子にしてもらいたい「具体的な行動」を示すことができています。加えて，この表現は「肯定的な表現」であり，「～～しちゃだめ」という「ネガティブな表現」とは反対の言い方です。子どもの立場に立てば，「～～しちゃだめ」と言われるより，具体的に「何をしたらよいのか」を示してもらう方がわかりやすいのは言うまでもありません。

このように大人が使っている表現の中には「実際にこの場面ではこのように振舞って欲しい」という大人の期待する行動が見られないことを「問題だ」と捉えているものが多々含まれています。先の例の中でこのグループに入るものは，どれでしょうか。

④タツヤは，掃除をさぼる
⑦サトシは，不登校である

それぞれ，大人の期待している行動は何でしょうか？　④「掃除をさぼる」は，「掃除をする」行動をして欲しい時間にそれが見られていないから，問題だと捉えているわけですね。実際に掃除をさぼっているときに，その子がどのような具体的な行動をしているのかを見ることが大事です。たとえば，「掃除の時間に友達と話している」「掃除の時間にほうきを振り回している」などとなります。このような場合に，「掃除をさぼってはダメ」という注意を繰り返しても「掃除をする」行動が見られない場合には，「掃除をさぼってはダメ」という注意自体が機能しておらず，言葉かけを変えなければなりません（この「掃除をさぼる」については，第3部（141ページ）にも事例がありますのでご参照ください）。

また，単に掃除をしなさいということを伝えるのにもさまざまな表現があります。

> 「きちんと掃除をしなさい」
> 「教室をきれいにしてください」
> 「教室の棚をぞうきんで拭いてください」

上の例の中でどれがより具体的な声かけでしょうか。１番最後の例が最も具体的ですね。このように，具体的な行動で子どもの行動を表現することで，自分の声かけの仕方も「具体的な形で子どもにわかりやすく示すことができる」ようになります。

⑦の「不登校である」は，具体的には「学校に登校する」行動が見られていない，となります。それが問題だから「不登校である」と表現しているわけですね。大人が期待している行動は「学校に登校する」であることを明確にする必要があります。そして，子どもの実態に応じて，いつどこにどれぐらい登校して，どんな活動をすることが期待されているかをより具体的にしていくことが求められます。

最後に残っているのは，これらの複合形とも言える，ややこしい表現です。

> ①タカは，自己肯定感が低い

「タカくんは自己肯定感が低い，何とかしなければ……」この表現は特に学校の先生方から頻繁に聞かれる言葉です。先の条件に照らし合わせてみましょう。「自己肯定感が低い」は（1）観察可能でしょうか？　ここで少し丁寧に考えていきたいと思います。なぜ，周りの人はタカくんの自己肯定感が低いとわかるのでしょうか？　自己肯定感が低いと表現される児童生徒の行動には以下のようなものが含まれている可能性が高いと推測されます。これらはある意味「観察可能」と言えますが，「自己肯定感が低い」という行動を観察しているのではないことがわかります。

> (a)「やっぱり失敗しちゃった」と言う発言がみられる。（実際はそうではないときも）
> (b)「私には（その課題は）できそうにない」と言って手遊びをしている
> (c)「うまくできないから……」と自分から係りの仕事を取り組む行動が観察されない
> (d) 自分から友達と一緒に遊ぶ行動が観察されない
> (e) 休み時間に一人でポツンとしている　　など

大人はこのように子どものさまざまな観察されている行動（上記の（a）（e））と大人が期待している行動が観察されていない状態（上記の（b）（c）（d））を総合的に判断して「自己肯定感が低い子ども」とラベル付けしているわけです。

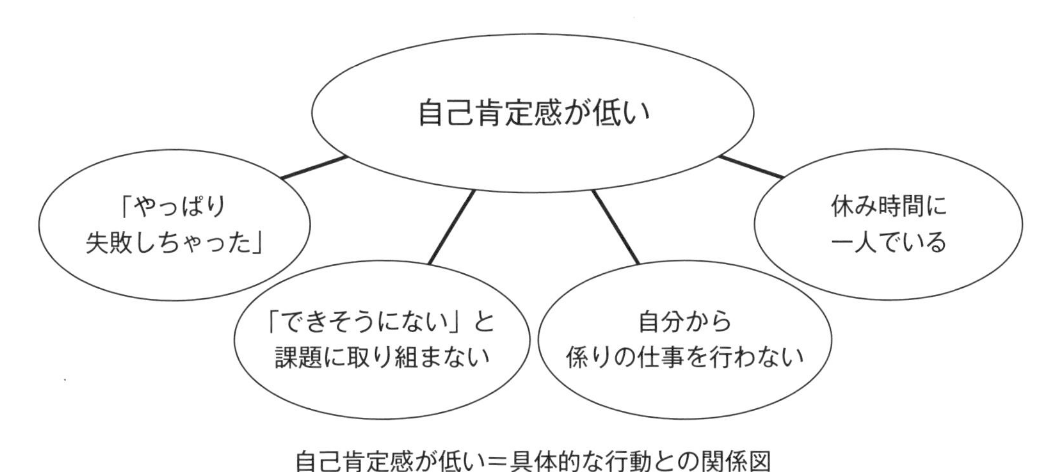

自己肯定感が低い＝具体的な行動との関係図

類似の表現としては，「自己有用感」「自尊心」などがあります。いずれも，一見客観的な表現のようにみえますが，実際にはさまざまな行動を統合してラベル付けしたものです。ここまで読んでいただいて，今皆さんは下のイラストのような気持ちになられていることでしょう。

「具体的な行動で表現するって結構大変だなぁ」

そして「ありのままに観る」ということの真の意味するところは，まさに「大人の主観的なラベルづけや隠された期待を込めずに，しっかりとその子の行動を具体的に観る」ということに他ならないのです。

言い換えれば，大人がいかに「客観的に行動を観ることができていない」がために，適切な指導に結びついていないかということにもなります。このステップがしっかりできるようになるだけで，前述したように大人の声のかけ方を含めたかかわり方も大きく変わるでしょう。それほどまでに，この「ありのままに観る＝子どもの具体的な行動を主観を交えずに観る」ということは次のステップに進むためにも大事なことなのです。

以上，大人からよく聞かれる，8つの気になる行動を表現した例を表にして整理してみました。このようにしてみると，大きく以下の4つに分類されることがわかります。

「気になる行動」と表現される内容を具体的な行動にするためのフォーム（プチステップ①②のみ）

タイプ別	気になる行動としてまず書き出す（プチステップ①）	具体的な行動か？（観察可能？再現可能能？）判定する（プチステップ②）
A. 真の具体的な行動 具体的な行動で減らしたいと思うもの	叩く	Yes 観察可能 再現可能
B. いくつかの行動を統合したタイプ いくつかの気になる行動をまとめて表したもの	だらしない パニックになる 落ち着きがない	No No No
C. 期待する行動が出現しないタイプ 大人が期待する行動が観察されていない状態を表現したもの	忘れ物をする 掃除をさぼる 不登校	No No No
D. 複合タイプ 上記のBとCのいくつかの行動・状態をラベル付けした表現（BとCの複合形）	自己肯定感が低い （自己有用感が低い） （自尊心が低い）	No No No

タイプA（真の具体的な行動）は，具体的な行動として記述されているので，「気になる行動」として表現されている内容はそのまま「減らしたい行動」であることがわかります。「友達を叩く」「授業中に大声を出す」などは，今実際に観察されている具体的な行動であり，その起きる頻度を減らすということが大人の願いです。

タイプB（いくつかの行動を統合したタイプ）は，いくつかの気になる行動・状態をまとめてラベルづけしたものです。これはさらに具体的な行動として記述していかないと実際に指導するべき行動（ターゲット行動と言います）とすることはできません。「だらしがない」という表現を「靴のかかとを踏んでいる」と具体的な行動に変換すれば，指導するべき行動は「靴のかかとを踏まずに履く」ということが明確になります。

タイプC（期待する行動が出現しないタイプ）は，大人が期待する行動が観察されていない場合，大人が子どもに「何をしてほしいのか」を具体的な行動として明確にすると，それがそのまま指導のターゲットになるでしょう。

タイプＤ（複合タイプ）は，上記のいくつかが複合して，さらに概念的に表現している場合と言えます。これもそのような表現がもたらされた具体的な行動は何かに着目することで実際に指導の足掛かりをつかむことができます。

プチステップ③　本当に減らしたい行動？　それとも，大人の期待が隠された行動？　さらには解釈だらけの表現？　見極めて具体的な行動で表現しよう

プチステップ②で，「具体的な行動」とはどういうものかについて学んできました。いよいよプチステップ①で書き込んだ表現をこのプチステップ③で見直していきます。②と③のところに書き込んでいきましょう。

自分の最初の表現が，具体的な行動ではないことが明らかになったならば，どのように具体的な行動に変換できるか考えてみましょう。以下の整理表を参考にして自分が「気になる行動」を書き込んだ最初のシートの右の項目に進んで書いていきましょう。

コラム

なぜ具体的な行動にするのか？　「触れるのは具体的な行動だけ」

なぜここまで「具体的な行動」にこだわるのだろう。そう思われた方もいらっしゃるかと思います。その理由は，結局，教師として，あるいは親として子どもにかかわるときに，実際に周囲が変えることができる（変わったことがわかる）のは，「具体的な行動」だけだからです。「自己肯定感」を上げようというときに，子どもの心に直接触ることはできません。また，子ども本人に「上げなさい」と言って，子どもが一生懸命念じて上がるものでもありません。大人でもどうでしょう。自己肯定感が上がったと感じるのは，自分が何かを行ったときに他者からの賞賛や感謝があったときではないでしょうか。逆に，下がるのはどんなときでしょうか。このように考えると，自己肯定感を上げるには，自分から何かに取り組んだときに周囲がどのように反応するのが良いのか，自ずと見えてきます。直接，周りがかかわることができるのは，子どもの「具体的な行動」なのです。

「気になる行動」と表現される内容の整理表（プチステップ③を加えたもの）

	気になる行動として まず書き出す （プチステップ①）	具体的な行動か？ （観察可能？再現可能？） 判定する （プチステップ②）	具体的な行動で表現して みよう！ （プチステップ③）
A. 真の具体的な行動 具体的な行動で減らしたいと思うもの	遊具を取ろうとして友達を叩く	Yes 観察可能 再現可能	遊具を取ろうとして友達を叩く
B. いくつかを統合したタイプ いくつかの気になる行動をまとめて表したもの	だらしない パニックになる 落ち着きがない	No No No	靴のかかとを踏んでいる 金切り声をあげる 離席する
C. 期待する行動が出現しないタイプ 大人が期待する行動が観察されていない状態を表現したもの	忘れ物をする 掃除をさぼる 不登校	No No No	宿題を出さない 掃除の時間に友達と話している 放課後だけ学校に来ることができる
D. 複合タイプ 上記のＢとＣのいくつかの行動・状態をラベル付けした表現（ＢとＣの複合形）	自己肯定感が低い 自己有用感が低い 自尊心が低い	No No No	（自ら宿題にとりかからずに）テレビを見続ける

プチステップ④ 気になる行動の代わりに何をするのかを考えよう ～それを基に指導のターゲットとなる行動の候補を挙げよう～

プチステップ③までで，気になる行動を具体的な行動に変換することができました。次に行うことは，「気になる行動」の代わりに適切な行動として何が考えられるのかを思いつくだけ書いていくことです。たとえば，「遊具を取ろうとして友達を叩く」という具体的な気になる行動を減らすというのではなく，適切な行動としてはそういう場面で「友達に“貸して”と言えるようになる」ということが考えられます。

ただ，「叩いちゃだめ」と言うのではなく，その場面ではどのような行動が適切な行動なのか，大人も整理しておくと，「貸してって言おうね」という声かけが適切な行動を促すものに変容します。これはすでに具体的な指導の足掛かりになっているわけです。

同様に，靴のかかとを踏むという気になる行動に対して，「靴のかかとを踏んじゃだめでしょ」という声かけをするのではなく，「かかとを入れて履こうね」と言う，あるいはかかとを踏まないようにする工夫をするという具合に大人が「気になる行動」の代わりにそのときに「どのような適切な行動をしてほしいのか」ということに目を向けていくのです。

「気になる行動」と表現される内容の整理表（プチステップ④を加えたもの）

タイプ	気になる行動としてまず書き出す （プチステップ①）	具体的な行動か？（観察可能？再現可能能？）判定する （プチステップ②）	具体的な行動で表現してみよう！ （プチステップ③）	指導のターゲットとなる適切な具体的な行動に変換する（ターゲット行動となるよう表現する） （プチステップ④）
A. 真の具体的な行動 具体的な行動で減らしたいと思うもの	遊具を取ろうとして友達を叩く	Yes 観察可能 再現可能	遊具を取ろうとして友達を叩く	友達に「貸して」と言う
B. いくつかを統合したタイプ いくつかの気になる行動をまとめて表したもの	だらしない パニックになる 落ち着きがない	No No No	靴のかかとを踏んでいる 金切り声をあげる（授業中） 離席する	足のかかとを靴に入れる 先生に「分からない」と言う 授業中，教科の活動をする
C. 期待する行動が出現しないタイプ 大人が期待する行動が観察されていない状態を表現したもの	忘れ物をする 掃除をさぼる 不登校	No No No	宿題を出さない 掃除の時間に友達と話している 放課後だけ学校に来ることができる	宿題を提出する 教室の棚をぞうきんで拭く 放課後に先生と国語の勉強を１時間行う
D. 複合タイプ 上記のＢとＣのいくつかの行動・状態をラベル付けした表現（ＢとＣの複合形）	自己肯定感が低い 自己有用感が低い 自尊心が低い	No No No	（自ら宿題にとりかからずに）テレビを見続ける	自ら宿題に取り組む

たくさん「具体的な，そして適切な行動」が挙げられたでしょうか？　この行動にすべて取り組もうとするのではなく，まずは一つを選んで丁寧に指導を進めていくことになります（一つに絞り込むのは，プチステップ⑬（51ページで行います）。

わが子や児童生徒の気になる行動で頭がいっぱいになってしまっていると，とにかく「その気になる行動を何とかなくさなければ」という思いで大人が動いてしまい，「気になる行動をしなくなったときに何をするのか」まで頭が回らないことが多々あります。

たとえば，全部がそういうわけではもちろんありませんが，学校において「手持ち無沙汰（やることがない状態）」で児童生徒が気になる行動を起こしてしまうことは少なくありません。要するに「暇を持て余している」状態です。

「じっと座って余りおもしろくない講義を我慢して聞く時間」というのは，大人であっても楽しい時間とは言えないのではないでしょうか。

大切なことは，気になる行動の代わりになる「適切な行動」を考えていくことです。そのため，気になる行動以外にその子がどんな適切な行動をどのような場面では行っているのか，まで「ありのままにその子の生活全体を観る」ことが指導のヒントを得るためには大変重要になってきます。

プチステップ⑤　生活全体の中で見直そう～良いところ，できているところ探し～

プチステップ④で子どもの適切な行動が少ししか思い浮かばなかったときのために，このステップでは生活全般の見直しを行います。このワークは，子どもの「気になる行動」ではない部分に目を向ける練習となります。

ワーク

生活の全体像を見直してみましょう！

次ページの「行動の生活マップ作り」シートを使います。わが子，あるいは児童生徒の気になる行動だけでなく，適切な行動（大人の期待にそった行動），さらには「子どもに助けられていること」「自分がしたいと思っている楽しいこと」「子どもと一緒にやってみたいこと」また正直に「生活しづらいこと」も書いてみます。自分の生活がどのようなバランスで営まれているか，このマップに記入することで見直してみましょう。ご自分のしたいことができていない，そもそもしたいことが何もない，子どもの良い行動が一つも思い浮かばない！としたら，まずそういう状況に自分自身があるのだ，と冷静に認識しましょう。そして，子どもの良いところ探しをしてみてください。見つかった結果，見つけるまでのプロセスなどを他の方とお互いにシェア（共有）するのもいいでしょう。

次ページの行動の生活マップを作ると，現実と自分がそれをどう捉えているかの違いに気づくでしょう（巻末資料Ｂにもフォームがあります）。

行動の生活マップ作り

目的：子どもと自分の行動を「生活全体の中で」捉え直します。
気になる行動だけではなくて，うまくできていること，その他のことにも目を向けます。

子どもの名前（　　　　　　　　　　　　）
記入した人　（　　　　　　　　　　　　）
記入した日　（　　　　年　　　　月　　　　日）

■子どもの気になる行動（困った行動）と自分がそれをどう捉えているか

気になる行動（具体的にどんな行動？）	自分はどう感じているか

■子どもの適切な行動（助かること，なども含めて）

子どもの適切な行動	自分はどう感じているか

自分のこと（子どもと一緒にやってみたいこと，自分がやりたいことなど）

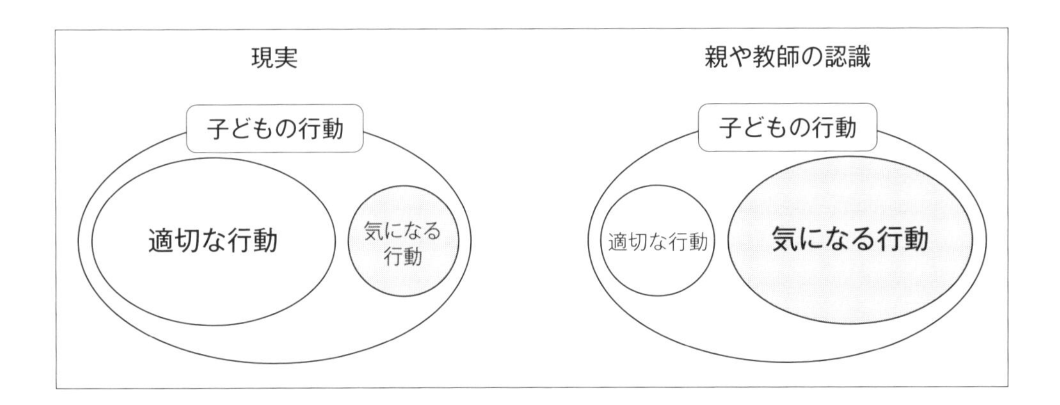

この二つの図は，現実とそれを認識している人の見え方のギャップを模式化して示したものです。左の図は実際に生活の中で子どもがどの程度気になる行動と適切な行動を行っているかの「現実」です。右の図はそれが親としての，あるいは教師としての自分にはどのように見えているかの「認識」です。この現実と認識が往々にして食い違っている場合があることを示しています。そこでここでは，気になる行動が生活全体の中でどれだけ占めているのか見直していきます。

行動の生活マップ作り（親御さん記入例）

目的：子どもと自分の行動を「生活全体の中で」捉え直します。
気になる行動だけではなくて，うまくできていること，その他のことにも目を向けます。

子どもの名前（　ゆうや　）
記入した人　（　母　）
記入した日　（　2018　年　9　月　14　日）

■子どもの気になる行動（困った行動）と自分がそれをどう捉えているか

気になる行動（具体的にどんな行動？）	自分はどう感じているか
・お風呂に一人で入れない。 ・宿題をなかなかやらない。 ・間違いを指摘されるのを嫌がる。 ・ゲーム等でルールが守れず、相手を叩いてしまう。 ・一方的に話をする。 ・食べこぼしをする。	気になる行動が多く挙がったが、実際は私が困っているというより、本人の方がもっと困っていると思います。何に困っているかをもっと理解してあげたいと思います。

■子どもの適切な行動（助かること，なども含めて）

子どもの適切な行動	自分はどう感じているか
・誰にでも元気に挨拶ができる。 ・お手伝いを頼むといつも引き受けてくれる。 ・買い物が一人でできる。 ・好きなことは最後まで取り組むことができる。	良いところを挙げるのは少し時間がかかりました。朝、家族の機嫌はあまり良くないけれど、本人が元気に「おはよう」と言うことでみんな今日もがんばろうっていう気持ちになっています。

自分のこと（子どもと一緒にやってみたいこと，自分がやりたいことなど）

・親が楽しいと思うことを子どもとやってみる。
・夕食時に子どもとその日に良かったことを振り返る。
・友人と旅行に行きたい。
・好きな小説をたくさん読みたい。
・エステに行きたい。

行動の生活マップ作り（先生記入例）

目的：子どもと自分の行動を「生活全体の中で」捉え直します。
気になる行動だけではなくて，うまくできていること，その他のことにも目を向けます。

子どもの名前（　田中くん　）
記入した人　（　担任　）
記入した日　（　2018　年　9　月　15　日）

■子どもの気になる行動（困った行動）と自分がそれをどう捉えているか

気になる行動（具体的にどんな行動？）	自分はどう感じているか
・授業中に手遊びをしている。 ・友達と喧嘩をする。	・授業に集中できない。 ・友達となかなか仲良くできないのはなぜだろう。

■子どもの適切な行動（助かること，なども含めて）

子どもの適切な行動	自分はどう感じているか
・担任の手伝いをしてくれる。 ・植物の世話を忘れずに行っている。	・大変助かるなぁと思っている。 ・優しい子だなあと感じている。

自分のこと（子どもと一緒にやってみたいこと，自分がやりたいことなど）

・しっかり田中くんと向き合って話をする時間を確保したい。

「行動の生活マップ作り」フォームを記入する際には，プチステップ③で整理した「気になる行動」を書き出していきます。複数ある場合はそのまま挙げます。そして，右側の欄にはそれぞれの行動について，自分はどう感じているか，たとえば，「非常にイライラさせられる」などを正直に書いていきます。次に「適切な行動」，たとえば「いつも洗い物をしてくれる」「洗濯物を取り込んでくれる」や「静かに食事をする」など「当たり前」と思っているかもしれないけれど，「そういえば，あの場面では良い子に振舞ってくれているな」という行動をピックアップしてみてください。

いかがでしたでしょうか。わが子の，あるいは児童生徒の「良いところ」がたくさん見つけられましたか？　改めて「そっか，こんな良いところがあったよね」という気づきがあったでしょうか。人間はだいたい「困った行動」「気になる行動」の方に目が行きがちです。しかし，実際は気になる行動と同じくらいか，それ以上に普段随分適切な行動もしてくれているはずなのです。そこをしっかり見ていくこと，まずそれが「生活全体の中でありのままの子どもの行動を観る」ということになります。これができると「子どもを理解する」ことへまず一歩進んだことになります。

もう一歩進んで，子どもさんと自分が一緒にやってみたいことが見つかりましたでしょうか？「そうか，こんな風にこの子と楽しい時間を持ちたかったんだな……」ということに気づけたら，それも大きな収穫です。

このステップで実施したこと（チェックしてみましょう！）

- □　「気になる行動」を書き出した
- □　①で書き出した「気になる行動」は「具体的な行動」かどうか見直した
- □　本当に減らしたい行動？　それとも，大人の期待が隠された行動？
さらには解釈だらけの表現？　見極めて具体的な行動で表現した
- □　気になる行動の代わりに何をするのかを考えた
- □　生活全体の中で見直した

ステップ 2

理由づけ上手への道

このステップで実施すること

⑥ 「気になる行動を起こしている子」という見方を横に置いてみよう
⑦ 「機能している行動」は生き残っているという見方をしよう
⑧ 気になる行動は機能しているから起こっているという見方をしよう
⑨ ABC フレームで見直してみよう
⑩ 何がその行動を維持しているのかを見極めよう
⑪ 気になる行動の代わりになる指導のターゲット行動を見つけ出そう
　⑪-1　気になる行動と「機能が同じ」代わりになる行動を見つけ出そう
　⑪-2　気になる行動の代わりになる適切な行動を見つけ出そう
⑫ 何のために子どもに対して指導をするのかを理解しよう

このステップでは，ステップ1で整理した「具体的な気になる行動」がなぜ起きているのか，その点について理解してきます。このステップで「行動が起きているわけ（理由）」が理解できると，次の指導を「論理的」に考えて組み立てていくことができます。

プチステップ⑥ 「気になる行動を起こしている子」という見方を横に置いてみよう

今，気になる行動を起こしているお子さんで困っている大人から見ると，その子は「なんでそんな行動をして自分を困らせるの！」という気持ちになる場面も多いでしょう。しかし，そういう行動は理由（わけ）もなく起きているのではありません。そこには何らかの「理由（わけ）」があります。この理由の読み解き方は第2部で詳しく解説しますが，ここではまず，次のことを思い出していただきたいと思います。

気になる行動を行う子どもとして生まれてきた子は一人もいない

皆ここから大きくなった

もしかすると，わが子，あるいはクラスの子どもの誰かが，今気になる行動を起こして親や先生である皆さんを大変困らせているかもしれません。しかし，お子さんたちは「生まれつき問題行動児」としてこの世に生まれてきたのではありません。お子さんたちが生まれてから今までの「歴史」の中で，そういう気になる行動が「機能する」つまり何かの役に立っているために，その行動が生き残っているだけなのです。そのことをこのステップで理解していきます。

ワーク

今，自分が今当たり前に行っている行動のうち，
生まれたときからできているものはどれでしょうか？

- 字を書く
- 日本語を話す
- 電話をかける
- 自動販売機でジュースを買う
- テレビの操作をする
- 本を読む
- パソコンで図形を描く
- 包丁で大根を切る

プチステップ⑦　「機能している行動」は生き残っているという見方をしよう

今，生まれたときと比べれば，皆さんも子どもたちもさまざまな「行動」ができるようになっているでしょう。たとえば，字が書ける，お箸を使って豆をつまむことができる，電話をかけることができる，このような行動のどれ一つをとっても生まれたときにはできなかったのです。生まれたばかりの赤ちゃんは，外から見れば手足をバタバタしているか，反射としてお母さんのおっぱいを吸っているか，あるいはすやすや寝ているかの行動をしているでしょう。今，大人になっ

ている私たちも皆そこからスタートしていました。それがいつの間にか，あれやこれやとさまざまな行動ができるようになっています。その行動の中には「周囲の大人が意図的に教えて」できるようになったものもあれば，意図的ではないけれどそのように振舞うようになったものもあります。

共通して言えることは，今行っている行動は何らか「機能している」から生き残っている，身に付いているということなのです（注：ここでは生得的な反射は含めていません）。

「機能している行動」は生き残っている

日本では日本語を話すようになる
アメリカでは英語を話すようになる
それはなぜ？

たとえば，日本語を話すということについて考えてみましょう。もちろん生まれつき日本語は話せません。日本では，赤ちゃんが日本語らしい音で「マンマ」と発音すれば，「あら，ママって言えたわねー」と周りが反応してくれます。「パパ」も同じでしょう。アメリカでは「マミー」に近い音，あるいは「ダディー」に近い音で周りが反応してくれますが，「パパ」では誰も反応してくれないかもしれません。こういう周りとのやりとり（これを専門用語では，「相互作用」と言います。相互に影響を与えあうという意味です）を何度も経て，日本に生まれた子どもは日本語を話すようになり，アメリカで生まれた子どもは英語を話すようになるわけです。日本では日本語で話すと相手に通じます。日本語で話す行動が機能している状態です。逆に，日本において日本人相手には英語を話しても基本通じない，つまり機能しないので話しません。一方，アメリカでは，日本語をいくら話しても通じない，つまりこれも機能しないので，日本語ではなくカタコトでも英語を話そうとします。

このように日本語や英語という言語であると理解しやすいのですが，実は気になる行動と呼ばれている行動もこの「機能している行動を使う」という原理は同じなのです。

プチステップ⑧　気になる行動は機能しているから起こっているという見方をしよう　～気になる行動の真の理由づけ～

プチステップ⑦で今，私たちが行っている行動は「機能している」ものが生き残っているということを確認しました。使っている言葉，しぐさなど生まれたときにはできておらず，後に学習（これが広い意味での学習です）したもので，今もときどき出現する行動は「機能している」，つまり「役に立っている」「効果がある」ということです。

これは「気になる行動」であっても同じです。

ワーク

「子どもの気になる行動を一つ取り上げて，
それがなぜ起きているのかの理由を書いてみよう！」

気になる行動：

その理由：

子どもたちの気になる行動がなぜ起きているのか？　の理由づけとして親御さんや先生方から以下のような表現を聞くことがあります。

- ✓ 早生まれだからじゃないの？
- ✓ 親子関係の問題があるからじゃないの？
- ✓ 親（あるいは先生）を困らせようとしてわざと起こしているんじゃないの？
- ✓ 発達障害があるから，気になる行動を起こしているんじゃないの？

一見，最もらしい理由づけですが，なぜそのように考えるのか，その根拠はいずれもはっきりしていません。そんな感じという言わば「日常的直観」で理由を作っているとも言えます。

たとえば，「発達障害（単に障害ということもあります）があるから，気になる行動を起こしている」という理由づけが「真」であったとすると，この気になる行動はどうしなければ解決しないと言っていることになるでしょうか？

「発達障害そのものを治さないと気になる行動はなくならない」

このような意味が含蓄されているのです。そうなると，「発達障害」を治すために……とそのことだけに目が向いてしまい，「気になる行動自体が起きているその状況をよく観察する」というステップ１でお伝えした視点からのアプローチができなくなってしまうことは容易に想像できます。

さらにこの理由づけが「真ではない」ことは，これまでの多くの研究で明らかにされています。つまり，発達障害のあるお子さんが起こしている気になる行動であっても，きちんとその行動がなぜ機能しているかを知り，それに基づいて指導を行うことで，減少するというエビデンス（証拠）がすでに報告されているのです。

プチステップ⑦で見てきたように，機能する行動が生き残っているということは，それが気になる行動であれ，適切な行動であれ同じように通じる原理であり，そこをしっかり理解することが論理的に指導の方法を考えるはじめの一歩となります。

気になる行動が起きている，起き続けているということは，「何らか機能している」，言い換えれば，「行動した後に何かが起きており，それゆえに繰り返しその行動が起きるようになっている」ということになります。

コラム

関西弁ネイティブだった私が今や東京弁話者に？！

「実は小学校３年生まで大阪育ちなんです」と研修や授業の中でお話しをすると，ほとんどの方が「まったく気が付かなかった」とおっしゃいます。大阪弁のイントネーションは今の私（三田地）の話し言葉にほとんど含まれていないので，「へぇ」と驚かれる訳です。小学校４年生に上がるときに，父親の転勤という事情により，大阪の小学校から突然，東京の小学校に転校することになった私は，そのとき，かなり大変な思いをしていました。

東京で初めて自己紹介をしたとき，「変なことば，しゃべってる」とクラスメートに言われて，びっくり仰天したのです。今でこそ誰もが知ってる大阪弁ですが，まだ大阪弁がポピュラーではなかった時代，子どもたちは率直に「東京弁とは違う言葉をしゃべる変な転入生」として私を見たのでしょう。

私はそれまで普通に話していた「大阪弁」が通用しない世界に何の前触れもなく放り込まれた，ということになるのです。大阪弁→通じない，消去，東京弁→通じる，強化を繰り返した結果，今東京弁を話す私となりました。環境が変われば，行動が変わるということにABAをまったく知らない時代にすでに実体験していたのだと後から気づいたのでした。

ＡＢＡの真髄「行動の機能を見ること」

行動の機能とは？
＝行動の直後に何が起きているかに着目する
＝何のためにその行動を行っているのか

その見方のフレームが「ＡＢＣフレーム」

プチステップ⑨　ABC フレームで見直してみよう

機能している行動は生き残っているということはわかってきました。それでは，その「行動の機能」を観るときに使える便利な「ABC フレーム」をご紹介していきましょう。

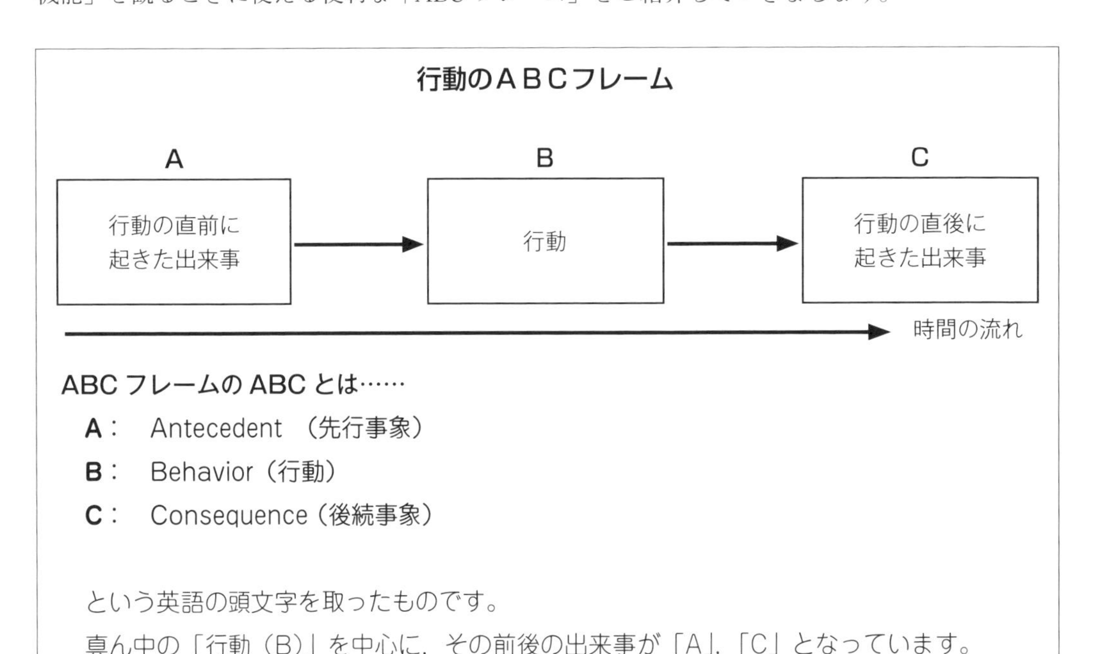

行動のＡＢＣフレーム
A
行動の直前に
起きた出来事
B
行動
C
行動の直後に
起きた出来事
時間の流れ
ABC フレームの ABC とは……
A： Antecedent （先行事象）
B： Behavior（行動）
C： Consequence（後続事象）
という英語の頭文字を取ったものです。
真ん中の「行動（B）」を中心に，その前後の出来事が「A」,「C」となっています。

この ABC フレームは，ある「行動（B）」に着目して，その行動がなぜ起きているのかを考えるときに使います。まず，その着目している行動の直前に何が起きていたかを「A」に，その直後に何が起きていたかを「C」に書いていきます。

ポイントは，行動の直後に何が起きていたか，までを観察して書き留めることです。

ワーク

プチステップ③で整理した「減らしたい」と思っている気になる行動を一つ選んで，「B」の部分に書きます。そして，その行動の直前に何が起きていたか（「A」の部分），その行動の直後に何が起きていたか（「C」の部分）を思い出して書いてみてください。

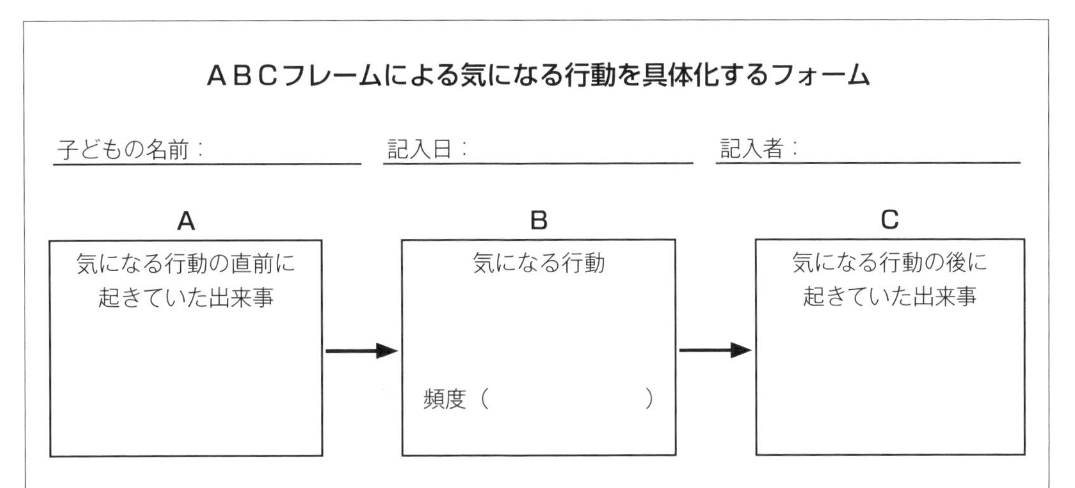

ＡＢＣフレームによる気になる行動を具体化するフォーム
子どもの名前：
記入日：
記入者：
A
気になる行動の直前に起きていた出来事
B
気になる行動
頻度（　　　　　　）
C
気になる行動の後に起きていた出来事

①一つの気になる行動につき，一枚このフォームを使います。

③「気になる行動」「B」の項目をまず一番目に書きます。「具体的に」書きます。

②「頻度」のところには，この行動はどのくらいの頻度で起こっているのかを書きます。（例：週１回，毎日，など）

④「気になる行動の直前に起きていた出来事」「A」には，誰が（または誰と誰が），何をしているときに，何が起こって（何がきっかけで）気になる行動が起きたか，について書きます。

⑤「気になる行動の後に起きていた出来事」「C」には，気になる行動が起きた後，周囲の人はどう対応したか，どういう結果が生じたかについて書きます。

もし思い出しても書けない場合には，その次に気になる行動が起きたときに書けるように注意深く，「A」の部分と「C」の部分で何が起きているのかを「ありのまま観察」してください。

次には具体的な記入例を示しています。最初は外から見える事象のみで記入したABCフレームです。このときに，「A」の部分と「C」の部分には外から観察できる事象を書くようにし，子どもの気持ちなどは書き込まないようにします。その場合，「A」と「C」の部分の書き方は二通りあります。次にその二つのABCフレームを示していきます。

■ **外からはっきり見える事象で書かれた ABC フレーム記入例（良い例）**

※子どもが主語になっている場合

この例は，子どもが「やりたくない！」と金切り声をあげたという行動を「B」に入れて，その前に何が起きたか，その後に何が起きたかを書き取ったものです。こちらの例では，「A」と「C」の部分は，「B」で見ようとしている行動を起こしている子どもから見てどのような出来事であったかという書き方をしています。

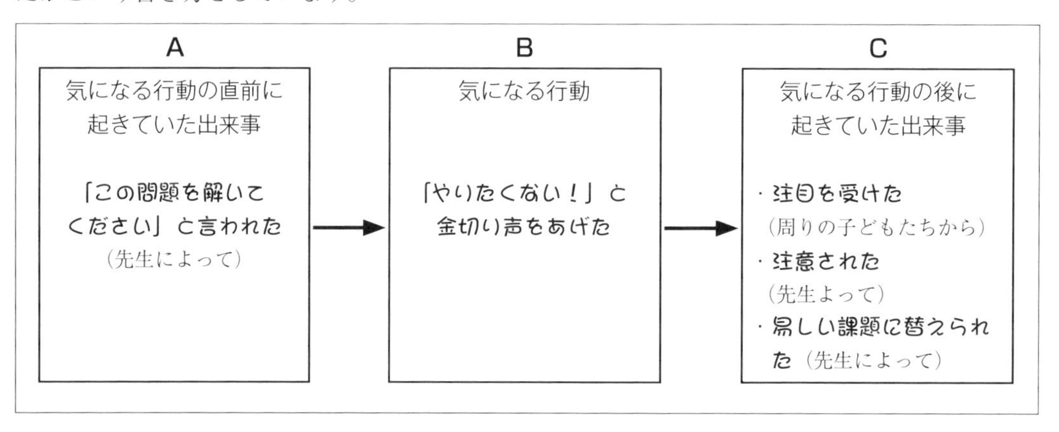

■ **外からはっきり見える事象で書かれた ABC フレーム記入例（良い例）**

※それぞれ行動した人が主語になっている場合

一方，こちらの ABC フレームは上記と同じ状況ですが，それぞれ行動を起こした人を主語にして，「A」と「C」のところを記述しています。

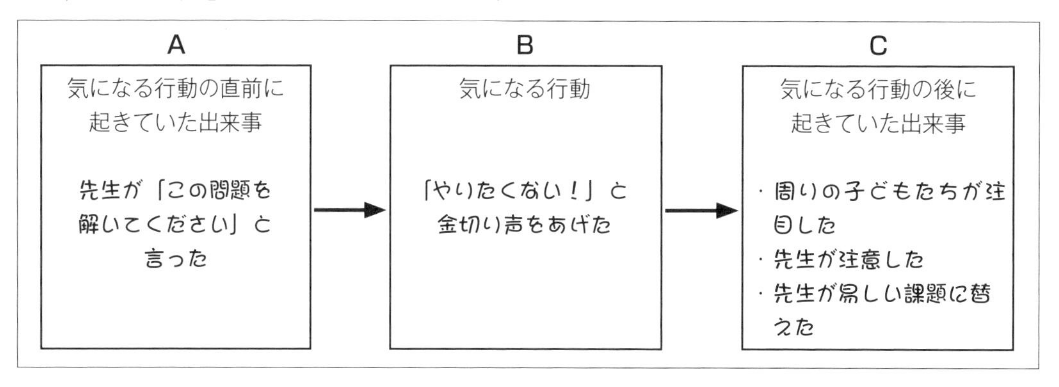

いずれの書き方でも構いませんが，子ども主語で書くのか，その行動をしている人を明確に主語にして書くのか，どちらかに統一して書き込んでいくようにしてください。

次に示している ABC フレームは，観察する側の推測が入り込んでいる例です。こういう理由づけ（ストレスが発散されるので気になる行動を起こしている）という表現も一般的によく耳にするものですね。しかし，「ストレスが溜まっている」といった表現も実際には外から見ただけではわかりません。こういう表現は使わないことが指導に結びつけるコツです。

■ 外から見えないことに言及した，推測が入り込んでいる ABC フレーム（間違った書き方の例）

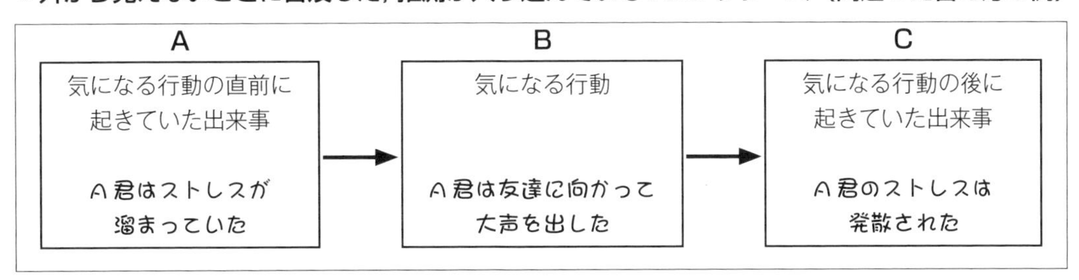

「A」「イライラしているから」→「B」「大声を出した」→「C」「イライラがなくなった」というような表現は避けてください。イライラといった内的な状態は特に他者の場合には，外から見ただけではわかりません。そこには見ている側の推測がどうしても入り込んでしまいがちです。そういう意味で，第三者からはっきり「ありのまま」観ることができる事象だけを書くことを基本とします。

もちろんこの ABC フレームは，適切な行動を分析する際にも使えます。子どもの行動だけではなく，大人の行動を見直すのにも使えます。

■ 子どもの行動の ABC フレーム「『メロンパン！』と言う」

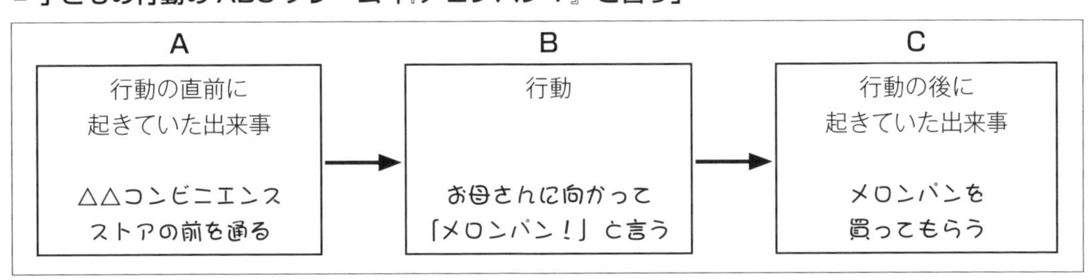

■ 大人の行動の ABC フレーム「○○レストランに行く」

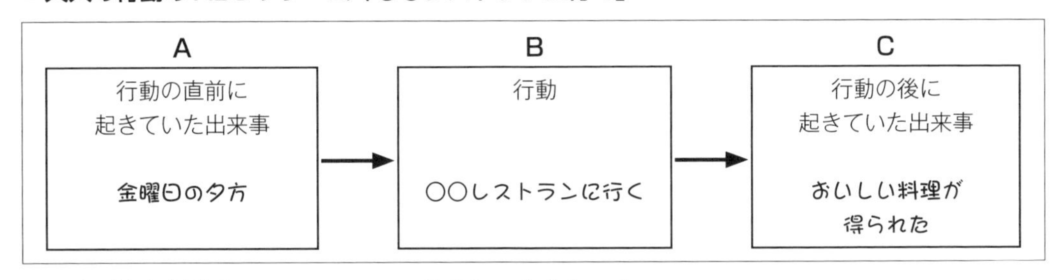

さまざまな行動を ABC フレームで見直してみましょう。

プチステップ⑩　何がその行動を維持しているのかを見極めよう

行動が増えたり減ったり（あるいは維持したり）するときにはある一定のルールがあることがすでに行動分析学の研究でわかっています。これが「強化の原理」というものです。「強化」ということばの持つニュアンスが何か強いイメージを連想させてしまうのですが，行動分析学でいうところの強化の意味するところはいたってシンプルで，ある行動の後にどのような結果が起こるかによってその行動がその後起こりやすくなるかどうかが決まる，ということです。下図で言えば，「行動（B）」とその「行動の後に起きた出来事（C）」の間の関係の話ということになります。

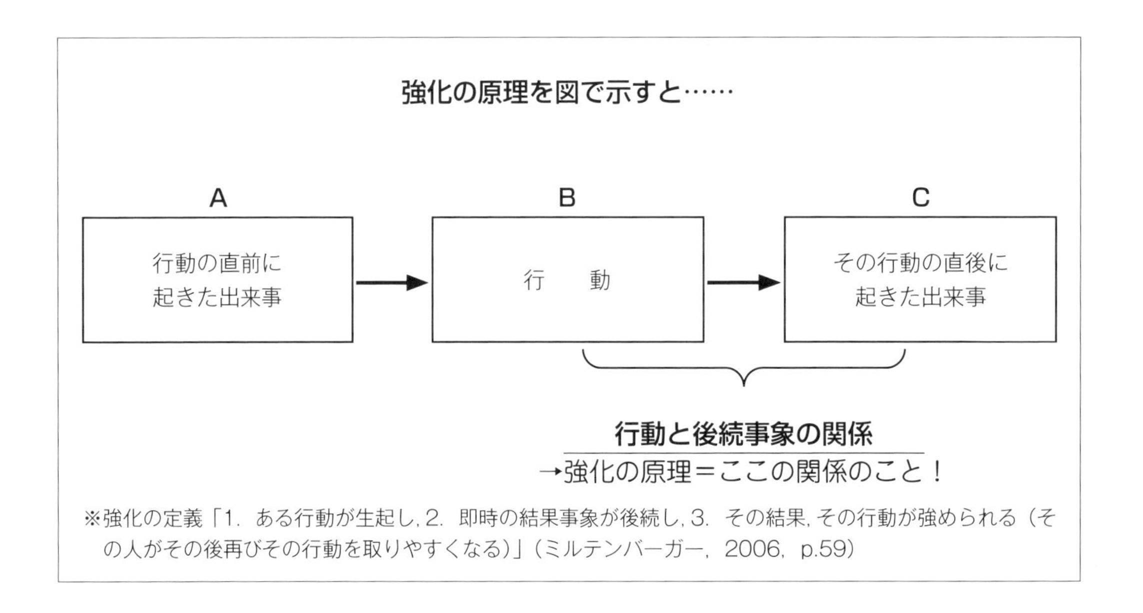
強化の原理を図で示すと……
A
行動の直前に
起きた出来事
B
行　　動
C
その行動の直後に
起きた出来事
行動と後続事象の関係
→強化の原理＝ここの関係のこと！
※強化の定義「1．ある行動が生起し，2．即時の結果事象が後続し，3．その結果，その行動が強められる（その人がその後再びその行動を取りやすくなる）」（ミルテンバーガー，2006，p.59）

言い換えると，ある行動が続けて起こっている（それが，気になる行動であれ，適切な行動であれ）ときには，その行動は直後に起きた出来事で「強化されている」ということになります。

たとえば，代表的な以下のような例が挙げられます。いずれも繰り返し起きているという前提です。

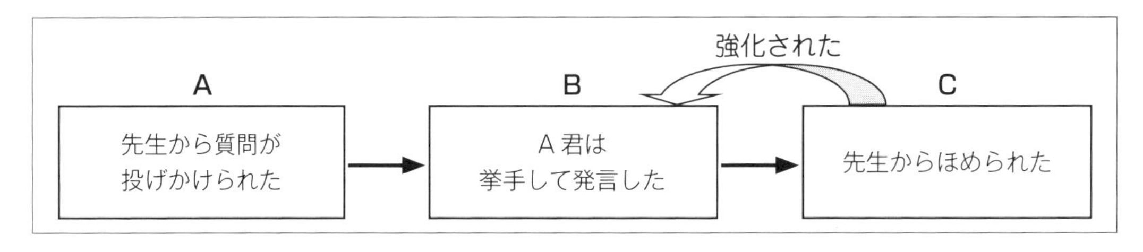
強化された
A
先生から質問が
投げかけられた
B
Ａ君は
挙手して発言した
C
先生からほめられた

A 君の挙手する行動が繰り返し起きているということは，強化されているということになります。何によって強化されているのか，つまり行動の直後に何が起きているのかについて上記のABC フレームを見てみると，先生にほめられていることがわかります。ここで大事なことは「先生がほめたら A 君の挙手が増える」と考えるのではなく，挙手する行動が実際に増えたという事実が認められたら，「先生にほめられる」ということが A 君の挙手する行動に効果があったと考えることです。逆に，挙手をしたときに，「いつもそんなふうに参加できれば良いのに」と言われたり，発言の間違いを強く指摘されたりした後に，発言する行動が減ってしまったとしたら，それらの先生の対応は行動を強化するのではなく，逆に減らす働き（これを弱化と言います）となっている可能性が高いでしょう。

次に，気になる行動を含めて，以下のような例が挙げられます。いずれも繰り返し起きているという前提です。

①行動した後に，何かが得られている場合（正の強化の例）

次の二つの ABC フレームは，行動した直後に何かが得られている場合の例です。

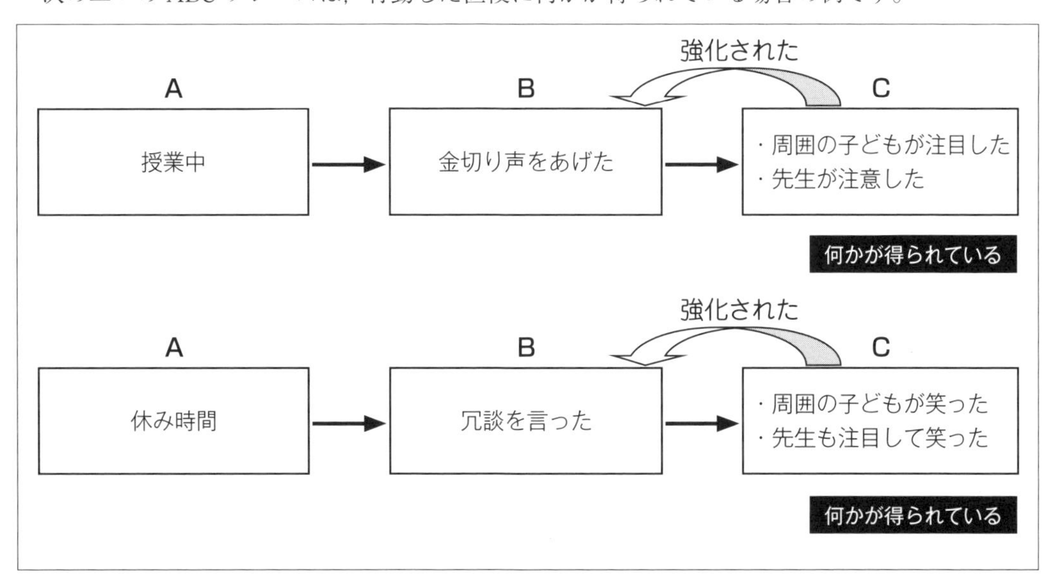

「金切り声をあげた」は気になる行動に分類されるでしょう。「冗談を言った」は休み時間であれば特段問題ではなく，適切な行動と言えます。しかし，両方共これは，「行動の直後」に「他者からの注目」が得られている，言い換えれば両方の行動は注目の機能によってどんどん続いて起こっていると推測できるわけです。機能＝得られている結果はいずれも「注目」というわけです。

②行動した後に，何かがなくなっている場合（負の強化の例）

今度はある行動をした直後に，何かがなくなっている例です。

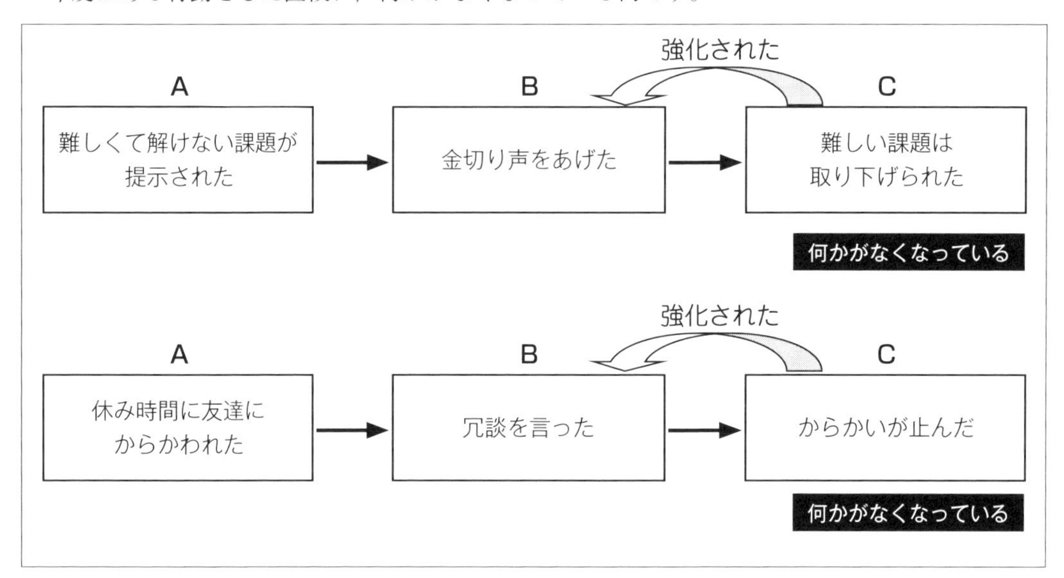

同じ「金切り声をあげた」という気になる行動が今度は「難しい課題」がなくなる，言い換えれば，この行動は課題がなくなる「逃避の機能」によってどんどん続いて起こっていると推測できるわけです。このように「見た目の行動」の型は同じであっても，その機能が異なることは多々あり，機能が異なるともちろんそれぞれの行動に対する対応がまったく異なってくるので注意が必要です。

ここで誰もがひっかかるややこしい点は，行動が強化されているというときには「正の強化」と「負の強化」という二種類あるというところです。この二つの違いは，行動の後に何かが得られるか（正の強化），あるいは何かがなくなるか（負の強化）という点にあります。「正負」ということばを使っていることでわかりにくくなっているように感じますが，これはもともと，「Positive Reinforcement」と「Negative Reinforcement」という原語を訳したもので，正負と言うより，ポジティブはプラス（行動の直後に何かが得られる＝何かが与えられる），ネガティブはマイナス（行動の直後に何かがなくなる＝何かが取り除かれる）という意味合いに覚えておくと間違えることがないかと思います。近年では正の強化は「提示型強化」，負の強化は「除去型強化」と明確にわかるように用語を使うことになりました。

いずれにせよ，ある行動が増えたり，継続しているときには「強化されている」と言います。繰り返しになりますが，行動が続いて起こっているということは，その行動が何らかの効果をもたらしている，つまり機能している，ということになります。

行動が起こっている
＝機能しているから
＝行動の直後に何かが起きている
＝何かが得られている？（正の強化）
＝何かがなくなっている？（負の強化）

ワーク

行動の機能は何かを見極めよう
行動の直後には何が起きているのか，「ありのまま」に観察してみよう

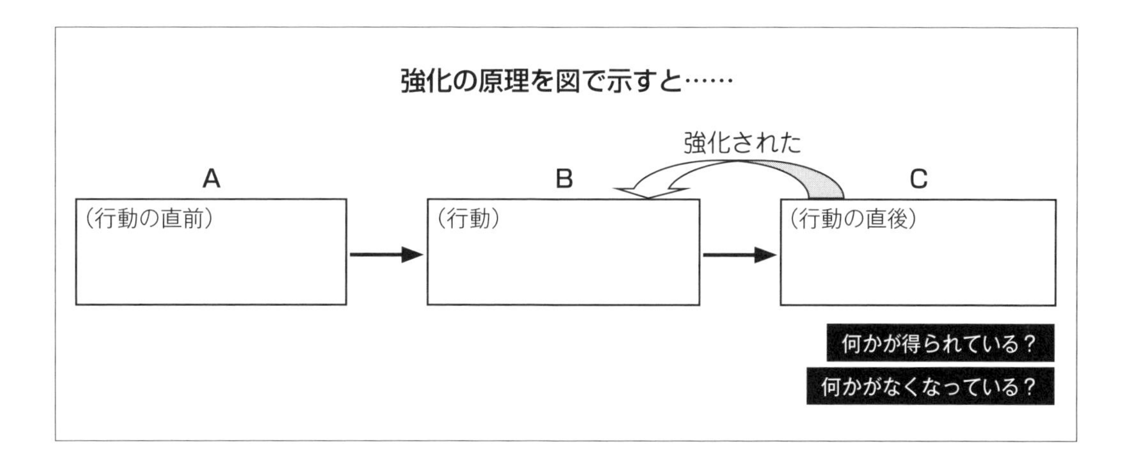

プチステップ⑪　気になる行動の代わりになる指導のターゲット行動を見つけ出そう

プチステップ⑪-1　気になる行動と「機能が同じ」代わりになる行動を見つけ出そう

行動の「機能」がわかってくると，指導への手立てが考えられるようになります。先の例で考えてみましょう。今，この子どもは「金切り声を挙げて」周囲の人の注目を得ている，つまりこの行動は注目の機能で維持されていると仮に考えてみます。注目を得るために気になる行動ではなく，どのような適切な行動が考えられるか，そのように「B」のところを適切な行動に置き換えていくのです。

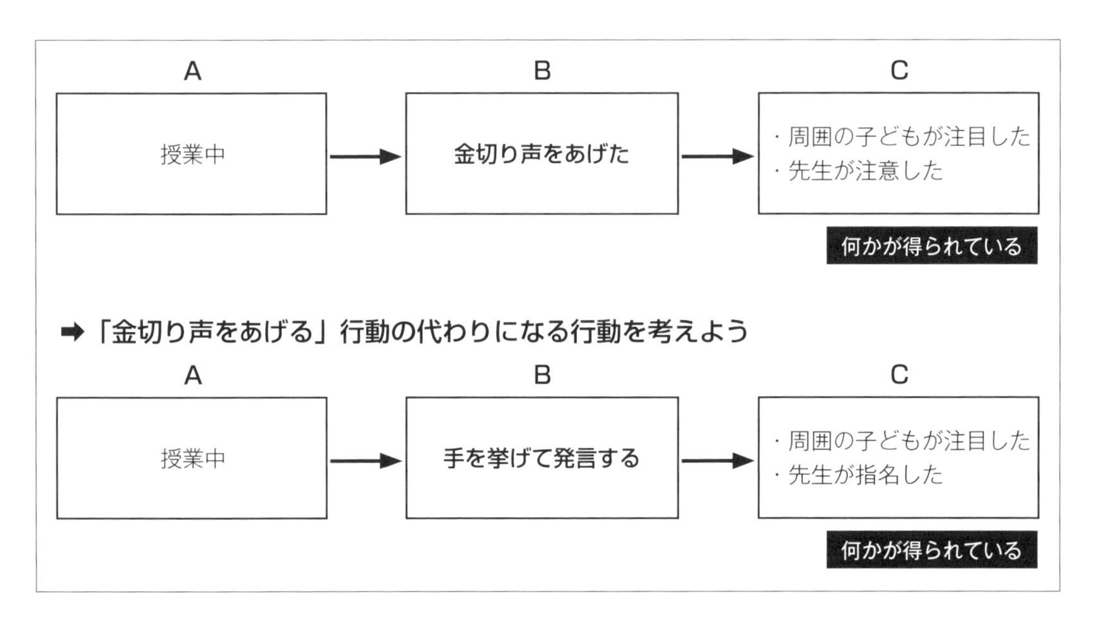

次の例ではどうでしょうか？　同じように金切り声をあげていますが，こちらは「先生，この問題は難しいです」と適切に言うことで，相手にその意図がはっきりと伝わりますね。表現形は同じ「金切り声をあげる」という気になる行動ですが，機能が異なるとこのように対応はまったく異なってくることがおわかりいただけますでしょうか？

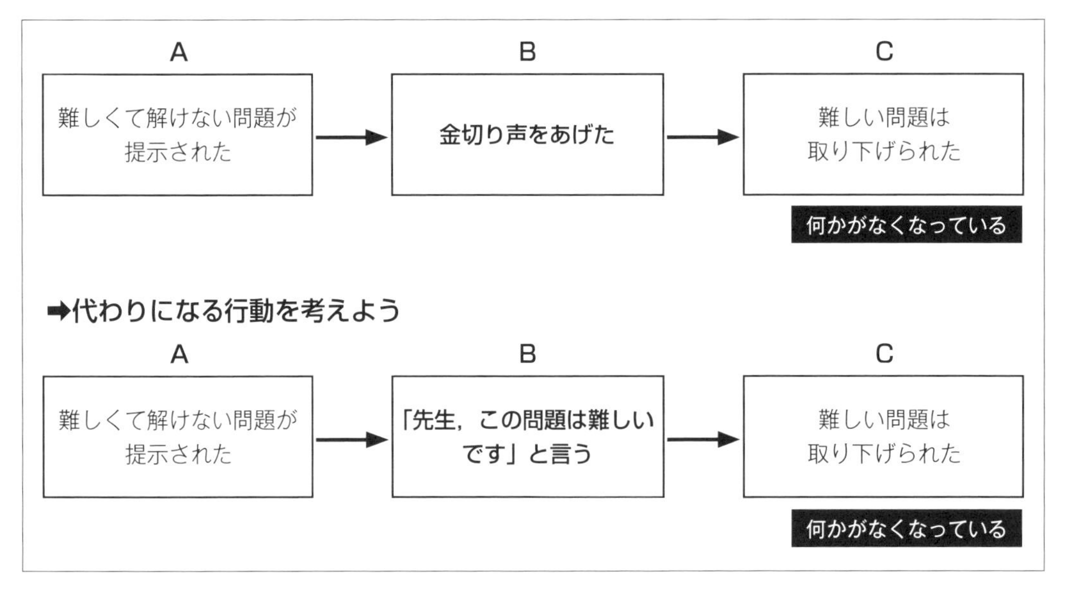

ここでのポイントは，同じ機能（行動の後に何かが得られたり，何かがなくなったり）である適切な行動を考えるということです。さらに言い換えれば，その子の本当に訴えたいことは何かを「あるがままに」その場で起きていることを観ることから，しっかり推測するということなの

です。ここで主観的な解釈，たとえば「この子は私を困らせるために気になる行動を起こしている」というような考え方をしてしまうと，適切な対応からどんどん遠のいてしまうので注意が必要です。「答えは現場にある」のです。

その場で起きていることを「ありのままに観る」ことで答えが見つかります

プチステップ⑪-2　気になる行動の代わりになる適切な行動を見つけ出そう

プチステップ⑪-1では，気になる行動の「機能」を見極めて，それと同じ機能を果たす適切な行動を見つけてきました。さらにもう一つの代わりになる行動を見つけます。

先の例で「あれ？　そんなことをしていては，難しい問題や苦手な課題に取り組まないようになるじゃないか」と思われるかもしれませんね。しかし，ご安心ください。「問題に回答する」という指導者の指示や教示に従うという行動が気になる行動の「代わりになる行動」になるのです。ただ難しい問題の提示の仕方がポイントとなります。問題数を減らしたり，回答の仕方のヒ

コラム

行動の理由は行動の前？　それとも後？

「あの人，イライラしているから大声を出している」「親子関係がうまくいっていないので，癇癪を起こしている」こういう行動の理由づけは，世の中にあふれています。どうやら私たちは「直感的に」行動の理由をその「前に起きた何か」に探す傾向があるようです。しかし，例えば，あるボタンを押しても何も起きなかったら，そのボタンを押す行動は何度も何度も起きるでしょうか。ある人に声をかけてもまったく反応がなかったら，その人に声をかける頻度は高まるでしょうか。

少し考えるとわかるのですが，行動は「その直後に」何が起きているかによって，その後頻繁に起きるようになったり，逆に起きなくなったりします。特に，他の人の行動の理由づけをする際に，「イライラしているから」「ストレスがかかっているから」といったようなその人の内的な状態を推測することは，具体的な解決策には結びつかないので注意しましょう。行動が続いて起こっているのは，機能しているから，つまり「行動の後に何かが起きている」からということを何度も確認しながら，行動を分析してみましょう。

ントが書かれているプリントを用意したりして，難しい問題であっても取り組みやすい環境整備をするわけです。この場合には，問題に取り組んだ後に，ほめたり，何かが得られるように設定したり（たとえばポイントが得られるなど）します。先ほどの例では難しい問題が取り下げられる，つまりマイナスされること（負の強化）で「金切り声をあげる」という気になる行動は維持していました。ここではほめられる，つまりプラスされること（正の強化）で「問題に回答する」という適切な行動が維持することをねらっています。このように，同じ機能ではなくても，代わりになる行動は見つけられるのです。

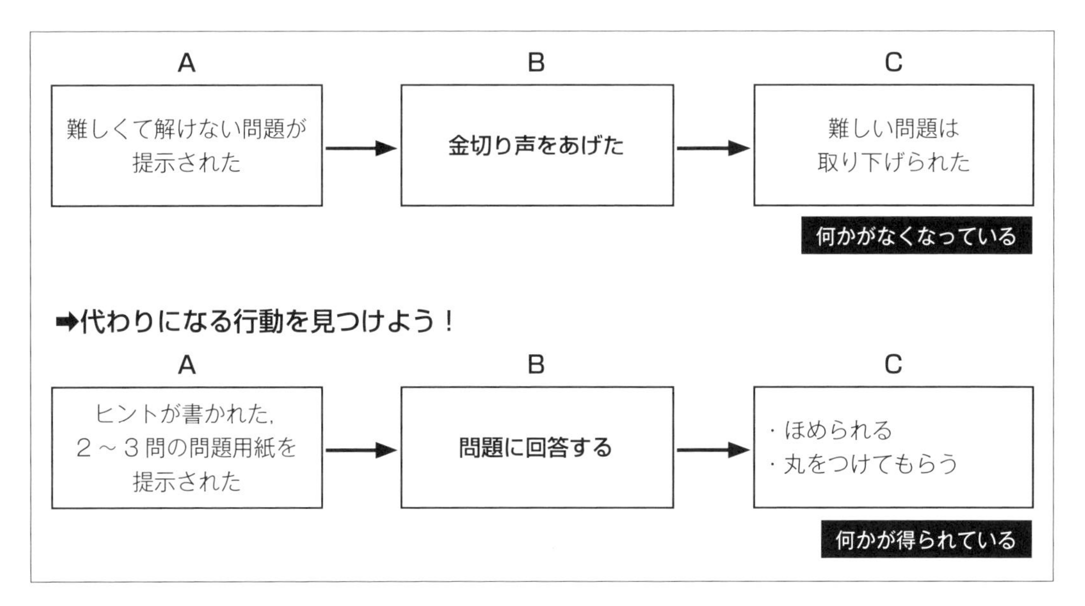

また，ときに，苦手な課題に取り組むこと自体が難しいこともあるかと思います。その場合は，子どもが回答できる問題を提示したり，子どもが興味を持って取り組むことができる課題を提示したりして，「授業に関連する何らかの課題に取り組む」ことも代わりになる行動となり得ます。

このように，代わりの行動を見つけるのは案外難しい作業です。気になる行動に対する詳細なアプローチについては『子どもの視点でポジティブに考える問題行動解決支援ハンドブック』（オニール他著）に詳しく解説されていますので，是非ご参照ください。

ワーク

気になる行動の代わりになる適切な行動を考えよう

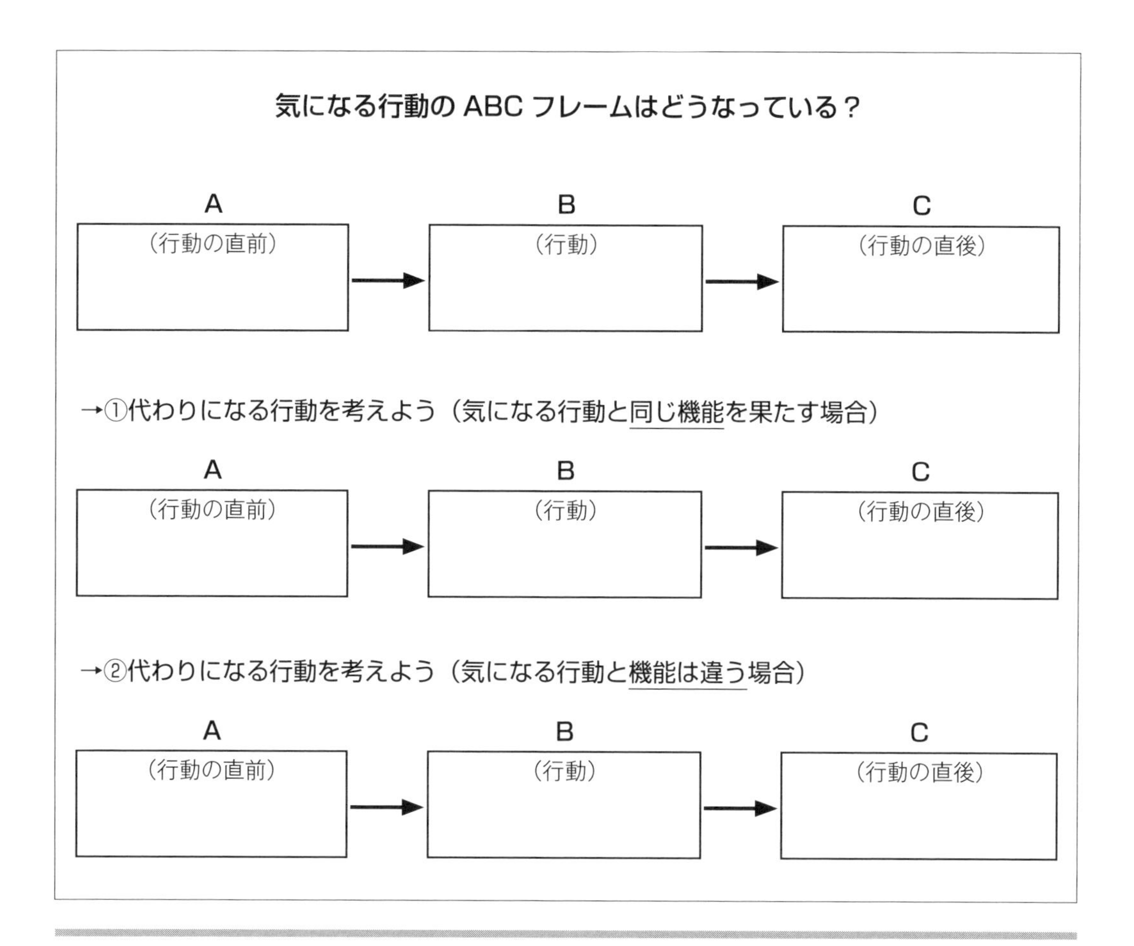

プチステップ⑫　何のために子どもに対して指導をするのかを理解しよう　～指導自体の理由づけ～

理由づけ上手への道の最後のプチステップは，指導すること自体の理由づけです。ここまでのステップで行動の機能もわかってきました。いよいよ指導のステップに入っていくわけですが，ここで再度，「何のためにその子に対して指導をしようとしているのか」少し立ち止まって考えてご自分の答えを以下に書いてみてください。

Question：なぜその子の指導をしたいと思っているのでしょうか？

あなたの答え：

ここの答えには「正答」も「誤答」もありません。ただ, ご自分の気持ちを正直に書き出して, そういう気持ちであるということをそのまま受け入れていただくことが大切です。たとえば,「子どもの将来が心配だから……」「子どもの自主性を育てたいから……」などお子さんのことを思って指導をしたいと思われているお母さん・お父さん方, そして先生がほとんどでしょう。それはとても大切なことですし, そのこと自体も指導の大きな目的となり得るものです。

それらに加えて, ABA を学んで指導をするという観点からは, もう１つ大切な理由があります。これまで行動を客観的に観察し, その機能を理解することが指導するための初めの一歩であるということ, 具体的には「子どもの行動をありのままに観て理解する」ステップについて解説してきました。

それは何のためなのでしょうか。筆者らの答えは, 行動を理解するということ＝「その子を理解する」ということです。これが, 指導するための大切な理由になります。「わが子を理解？もちろん, うちの子のことは, 私が一番よくわかっている, 理解しているわ！」「うちのクラスの生徒のことは, 担任の自分がわかっている」と思われる方もいらっしゃるかもしれません。生まれたときからずっと傍らにいらっしゃる親御さんは一番子どものことを知っている, 毎日一緒に過ごしている先生方が児童生徒のことをよく理解している, 確かにそうでしょう。

本書で意味している, つまり ABA 的に「子どを理解する」ということは, 具体的には以下のような内容を指しています。

子どもを理解するとは？

こういう風にかかわる（その場の状況を含める）と, この子はこのように行動する。
こういう風にかかわると, この子はこんなにうまく行動することができる。

⇩　⇩　⇩

「こういう風」の内容が１つずつ増えていく＝子どものことがどんどん理解できる。

ABA を学ぶ一番のお得は「なぜ子どもがそのような行動をしているかがわかる，その理由にもとづき，具体的にうまく子どもとかかわれる方法がわかる＝子どもが理解できる」ことなのです。「うまく子どもとかかわれる方法」というのは，プチステップ④（22 ページ）でも述べたように，「気になる行動をなくす」のではなく，気になる行動の代わりの「適切な行動を増やす」ための方法なのです。

そして，具体的な行動を取り上げて，さらに行動の具体的な先行事象や後続事象を子どもの周りにいるほかの人にもどんどん伝えていくことができます。そうなると，子どもも親も先生も，子どもの他の周りの人も今よりもっともっと幸せになれるのです。

コラム

生き延びるために首が伸びたのか，首が伸びたから生き延びたのか

「キリンは生き延びるために首が伸びた」，こういう表現をよく耳にしますが，進化論的に正しく表現するとしたら，「首が伸びたキリンが生き延びた」となります。

「どっちだって同じようなものじゃない？」と感じられるかもしれませんが，この二つの表現はまったく違う内容を表しています。前者は，キリンが目的を持って首を伸ばしたという目的論的な表現です。後者は，たまたま首が伸びたキリンが生まれて，そのキリンがそのときの環境では生き残ったという「自然淘汰」を表しています。

行動もこの淘汰の原理にのっとっており，たまたまある行動をしたら機能した（行動の結果がその行動をした人にとって効果があった）ので，その行動を繰り返し行うようになった。逆に，行動したけれど，何も効果がなかった（機能しなかった）ので，その行動は淘汰されてしまった，そんな感じです。今，皆さんが行っている行動は，そういう意味で「生き残っている，淘汰された」行動なのですね。

このステップで実施したこと（チェックしてみましょう！）

- □ 「気になる行動を起こしている子」という見方を横に置いてみた
- □ 「機能している行動」は生き残っているという見方をした
- □ 気になる行動は機能しているから起こっているという見方をした
- □ ABC フレームで見直した
- □ 何がその行動を維持しているのかを見極められた
- □ 気になる行動の代わりになる指導のターゲット行動を見つけ出した
- □ 気になる行動と「機能が同じ」代わりになる行動を見つけ出した
- □ 気になる行動の代わりになる適切な行動を見つけ出した
- □ 何のために子どもに対して指導をするのかを理解した

ステップ 3

観察上手への道

～ターゲット行動の記録を取る～

このステップで実施すること

⑬ ターゲット行動を決めよう

⑬-1 ターゲット行動になりそうな行動を列挙し，指導したい順位をつける

⑬-2 列挙した行動の中からターゲット行動を一つに絞り込む

⑭ 記録用紙を作ろう

⑮ 記録を取って「ベースライン」の重要性を理解しよう

プチステップ⑬ ターゲット行動を決めよう～観察する行動を一つに絞り込もう～

ここから実際に「毎日の家庭や学校生活の中で，ある行動に焦点を当てて観察する」準備をしていきます。大きな「行動の生活マップ」から，徐々に細かい観察に入っていきます。

まず，第一にしなければならないのが，子どもの行動の何を見て，何を指導の対象とするのかを決める，これを指導の「ターゲット行動を決める」と言います。

まず，なぜこのように具体的なターゲット行動を決定するのか，その目的とは以下の通りです。

1. 指導プログラムの有効性（効果があったかどうか）を明確にする
2. 指導にかかわる複数の人間同士でのコミュニケーションを正確に行えるようにする

第一点目「指導プログラムの有効性（効果があったかどうか）を明確にする」というのは，医師がさまざまな「客観的なデータ」を見て，治療（薬を含めて）に効果があったどうかを判断していることと比較して考えるとよくわかります。医師が何のデータも見ないで「なんとなく良くなってますから，この薬は効果があったようですね」と言うのと「データでは○○という項目の値が正常値まで戻っていますので，××（病気の症状）に対して，お薬が効いていますね」と言

うのでは，どちらに信憑性があるでしょうか。

蛇足ですが，教育では一般的にこの「客観的な評価」というのが「ペーパーテスト」やさまざまな「アンケート」だと思われている場合が多々ありますが，客観的な行動の観察，というのも「客観的な評価」です。そこで示されるデータの変動によって，指導がうまくいっているかどうかの判断，それに基づく指導を継続するかどうかの「意思決定がなされる」というのはアメリカの応用行動分析学の教科書には必ず書かれていることです。

二点目「指導にかかわる複数の人間同士でのコミュニケーションを正確に行えるようにする」これは，「やさしい気持ちを育てる」という表現では一体「具体的に」何ができたらこの「やさしい気持ちが育った」と判断できるのか，個々人によって異なってくるのを避け，誰が見ても同じことについて話ができるようにするため，という意味です。こういうコミュニケーションのズレが日常生活では多々起こっているのです。複数の人が同じことについて話をしているということを保証するために，「具体的なターゲット行動」にするという必要性があるのです。

このステップでは，具体的にはさらに次の２ステップで，ターゲット行動を決めていきます。

プチステップ⑬-1　ターゲット行動になりそうな行動を列挙し，指導したい順位をつける

ワーク

ターゲット行動になりそうな行動を列挙し，指導したい順位をつける

プチステップ③で整理した「気になる行動」について列挙してみます。具体的な手順については，「ターゲット行動を決めるフォーム」（巻末資料Ｄ）に従って進めます。先にプチステップ③と④で書き出した行動をこの「ターゲット行動を決めるフォーム」に書き写して，優先順位を決めていきます。プチステップ③で書き出した行動は，こちらのフォームの①に，プチステップ④の代わりになる指導のターゲットとなる行動は，こちらのフォームの②にそのまま写します。

二つのフォームを並べてどのように写すのかを示していますので，参考にしてみてください。

なお，この「ターゲット行動を決めるフォーム」の記入例は，第３部の事例のところでも紹介しています。

写した後にフォームの③「自分が一番指導したい行動から順位をつける」のところにその順位を書きこみます。

「気になる行動」と表現される内容を具体的な行動にするためのフォーム（巻末資料 A）

誰の？ （対象となる人の名前を書く） （プチステップ①）	気になる行動としてまず書き出す （プチステップ①）	具体的な行動か？ （観察可能？再現可能？）判定する （プチステップ②）	具体的な行動で表現してみよう！ （プチステップ③）	指導のターゲットとなる適切な具体的な行動に変換する （ターゲット行動となるよう表現する） （プチステップ④）
例： 息子	だらしがない	No	靴を脱ぎ散らかす	靴を揃える

ターゲット行動を決めるフォーム　（ステップ⑬）

自分が一番指導したい行動から順位をつける（③）	気になる行動の具体的な内容（①）プチステップ③から写す	ターゲットにできそうな適切な行動（②）プチステップ④から写す	自分はそれに取り組めそうか？（実行可能性）（④）	子どもにとっての負担度（⑤）	最終的な優先順位（⑥）
	靴を脱ぎ散らかす	靴を揃える			

プチステップ⑬ -2　列挙した行動の中からターゲット行動を一つに絞り込む

プチステップ⑬ -1 で挙げられた行動の中から，さらに一つのターゲット行動を絞り込みます。

気になる行動も代わりとなる適切な行動に置き換わっているはずですね。ここでは，先の「ターゲット行動を決めるフォーム」を使います。たくさんある行動の中から一つだけ行動を選び出すというのはなかなか難しいことですが，その際には以下の四つの観点について考えながら行っていきます。これをフォームの④と⑤の項目に書いていきます。

①大人（親御さん，先生）にとって実行可能であること
②子どもにとって負担が少ないこと（実行可能であること）
③子どもの人生を豊かにすること
④周りの人（家族，学校の先生）の人生を豊かにすること

この四つの観点はすべて同じように大事なもので，四つのバランスが取れたものを「ターゲット行動」とするというのがポイントになります。このことを図示したものが以下の図です。①と②は，実行可能性について，③と④は指導の意義という切り口になります。それぞれについて，親，あるいは家族を含めた周囲の人の立場ではどうか，子どもの立場ではどうか，という点でさらに二つに分かれるということです。

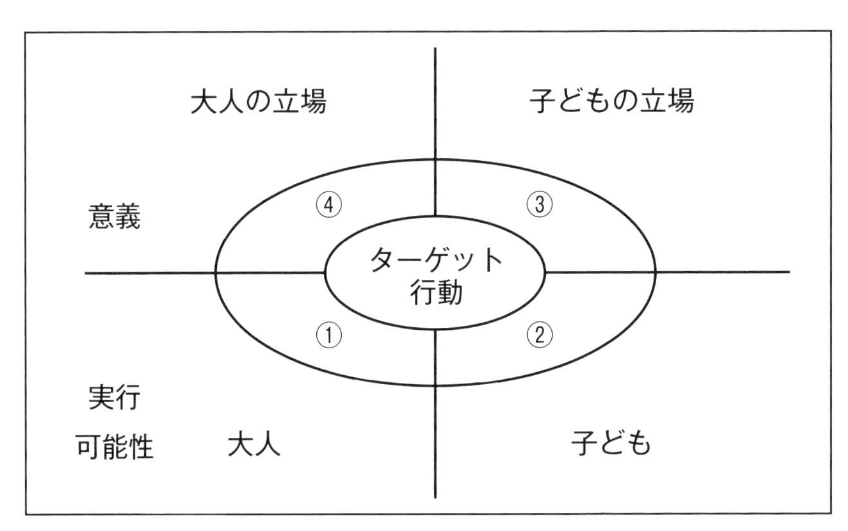

ターゲット行動を絞り込むときの四つの観点

①第一点目は，直接かかわる大人（親御さんや先生）にとってそのターゲット行動を観察したり，指導をしたりすることが実際にできるかどうか，という点です。大人にとってイライラしてしまう課題，具体的には余りに強く「この行動ができて欲しい」という思いがあると，逆にイライラしてしまいがちなので，そういう状態が起きないような課題を選ぶということです。つまり大人が決めた手続き通り指導ができるか，ということです。手続き通りの指導ができるということは，それだけ冷静であるということになります。また，外で友達と遊ぶ，という行動は親御さんにとっては実際に観察するのが難しい，相手がかかわってくること，という理由からターゲット行動としては，難しいかもしれません。逆に家庭でのお手伝いについては，親御さんの協力が必要であり学校の先生だけで取り組むのは難しいでしょう。

さらに，その行動を行う機会がどれくらいあるのかというのも「指導の実行可能性」という点では大事になります。週１回しか行う機会のない行動よりは，毎日行う機会がある行動の方が指導のチャンスが増える＝実行可能性が高いということになります。

②第二点目は，子どもが実際にその行動に取り組むことができるのか，課題内容が難し過ぎないか，あるいはその行動を獲得したり，増やしたりする過程が子どもにとって負担にならないか，ということです。負担になっていないかどうかの指標は，指導をしているときに子どもが「楽

しそうかどうか」ということです。逆を言えば「楽しそうでない」という様子がみられたならば，それは子どもにとって負荷がかかっているということになります。少なくとも嫌がっていないことが大切です。

具体的な見極めポイントとしては，子どもがまったくできない行動をターゲットにすることは最初の段階では避けるべきでしょう。ある程度（7割くらい）は行うことができている（もうちょっとで自分で全部できるようになる）行動やたまに一人でできることもある行動をまず選ぶのがコツです。

③第三点目は，その行動ができることでその子どもの生活にとって，どの程度良い影響があるか，ということです。この場合「現在の生活」と「将来的に」という両方を加味します。つまり，行動を獲得することが，どの程度子どもにとって意味・意義のあることか，ということです。具体的には，その行動を獲得することによって周りの大人，あるいは子どもとの相互作用が増える，本人がほめられる回数が増えるということです。また，活動の幅が広がったり，活動の機会が増えたりするということです。そうすることによって，他の行動をさらに獲得する機会も増えていく，こういうことが人生を豊かにするということです。

④第四点目は，その行動ができるようになったこと自体がその子の家族，あるいは関わっている先生にとって喜ばしいことであり，家族の生活，学校での生活にとって意味・意義があることなのか，ということです。第3点目と同じように，現在の生活と将来的な生活の両方の視点で考えます。お母さんが趣味に費やす時間が増えた，夫婦で話す時間が増えた，他の兄弟のことを見る機会が増えた，親御さんがその子どもに費やす時間が減り，他のことにも時間が費やせるようになることも含まれます。こうなると家族が生活をしやすい状況を作り，生活がより楽しくなってくるということになります。つまり家族にとって人生が豊かになるということです。

学校の先生にとっても同じです。その行動ができるようになったことで，クラスの友達との適切なかかわりが増えた，先生はほめることが多くなった，結果的に子どもだけでなく，先生やクラスの友達にとっても学校生活が充実することにつながります。

「ターゲット行動を決めるフォーム」の④⑤が書き込まれたところで全体を眺めて⑥「最終的な優先順位」をつけます。

ワーク

「ターゲット行動を絞り込むフォーム」に書かれている手順に従ってターゲット行動を一つに絞り込んでいきましょう。

ターゲット行動を絞り込むフォーム　(ステップ⑬)

自分が一番指導したい行動から順位をつける(②)	気になる行動の具体的な内容(①)プチステップ③から写す	ターゲットにできそうな適切な行動（③）プチステップ④から写す	自分はそれに取り組めそうか？(実行可能性)(④)	子どもにとっての負担度（⑤）	最終的な優先順位（⑥）
	靴を脱ぎ散らかす	靴を揃える			

プチステップ⑭　記録用紙を作ろう～記録方法を決める～

「指導の手続き作成フォーム」にこれから観察しようとする行動を書き込み（これが，ABCフレームの「B」の部分に当たります），その行動が起きる（起きない）状況，誰と（誰に）という行動を起こすきっかけ（これは，ABCフレームの「A」の部分に当たります）を書きます。これで「何を見るか」は決まったことになります。「C」の部分は次の「ほめ上手への道」で説明しますので，ここでは保留しておいてください。

ターゲット行動が決まったら，次に決めなければならないのは，ターゲット行動を「どのように観察するか」ということです。重さを量るときには「秤（はかり）」を使います。長さを測りたいときには「定規」を使います。そうすることで，誰が測っても10グラムのものは10グラムとなります。これが客観的な物差しを持つということの意味です。ただ見た感じで「10グラム」とか「30センチ」などとは言いません。ところが，行動を描写するときには，何となく見ただけで「あの人は○○な人だ」などと言うことがあるわけです。

そこで，ここでは，誰が見ても明らかに誰も行動を見るときに使える物差しのいくつかについてご紹介します。ターゲット行動の種類や起きる頻度によってどの物差しを使えばよいかを考えます（これは，たとえば，宇宙の話をするときにはマクロな物差し（○○光年など），分子の話をするときにはミクロな物差し（○○ミクロン）を使い分けるようなものです。全部のものを「30センチの物さし」で測ろうとするというのはナンセンスです）。

以下に行動を測定する「物さし」になるもののリストを挙げました（アルバート，2004, p.65 〜）。具体的な記録用紙の例については次ページで紹介しています。

行動を測定するときの物差し

1. 生起の有無（行動が起きたか，起きなかったか）
2. 回数（行動が何回起きたか）
3. 比率（一定時間の中で行動が何回起きたか）
4. 持続時間（何分，行動が継続したか）
5. 潜時（行動を始めるきっかけを示してから，実際に行動を開始するまでの時間）
6. 状況（行動の直前，直後の状況，具体的にはいつ，誰と一緒のとき，どこで，その行動が起きたか，行動が起きた後にどうなったかなど）

ここではいくつかの代表的な記録用紙の例をご紹介していきます。

①生起の有無（行動が起きたか，起きなかったか）

一番，シンプルなタイプの記録方法です。ターゲット行動を「帰宅後，１時間以内に一人で宿題に取りかかる」とした場合の例です。これはできたか，できなかったかが明確にわかります。

■ ターゲット行動：帰宅後，１時間以内に一人で宿題に取りかかる

日付	２月３日	２月７日	２月 10 日	２月 11 日	２月 12 日	２月 13 日
生起の有無	○	○	×	×	○	×

補足ですが，ターゲット行動ができなかったときには，メモとしてその時間に実際には「何をしていたか」を記録しておくと，次に指導のアイデアを考えるときに役立ちます。

次の例は，「できた，できなかった」の正誤のパターンを少し発展させたタイプの記録用紙です。ここでは，単純な「○（できた）」「×（できなかった）」の二つの評価だけではなく，その間に「どのような援助でできたか」という項目を設けています。これが「△（声かけ）」（大人が声をかけたらできた），「▲（指さし）」（大人が指さしをして示したことでできた），という部分に当たります。こうすれば，どれが「もう少しで一人でできそうな行動」か，「まだまだなのか」というのが一目瞭然です。

■ ターゲット行動：一人で着替えをする

さらに具体的な行動に分解してそれぞれについて評価しています。この具体的な行動に分解することを「課題分析」と言います（アルバート，2004, p.265 ～）。

		8月31日	9月1日	9月2日	9月3日
1	上着脱ぐ	△	△	△	▲
2	ズボン脱ぐ	○	○	○	○
3	着替え出す	△	○	○	○
4	上着着る	△	△	○	×
5	ズボンはく	△	△	○	×
6	上着たたむ	△	△	△	×
7	上着をしまう	△	△	△	×
8	ズボンをたたむ	△	△	△	×
9	ズボンをしまう	△	△	△	×

○自発的にできた　△声かけでできた　▲指さしでできた　×介助でできた

②回数（行動が何回起きたか）

これはターゲット行動が何回起きたかを記録するものです。

■ ターゲット行動：課題の内容や指示がわからないとき，「教えてください」と言うことができる

	10月3日	10月4日	10月5日	10月6日	10月7日
ターゲット行動	0	0	1	1	2

③比率（一定時間の中で行動が何回起きたか）

これは，②の「回数」の発展形で，行動が起きた回数を数えますが，そのときの時間で割るという作業をして「一定時間に起きた回数」として表すということです。たとえば，毎日，宿題をする時間が，30分，40分と違っていた場合，その中で，たとえばお母さんに援助を求めるなどのターゲット行動が何回起きていたかを数える場合，回数／時間＝比率（一定時間内での頻度）として表すことができます。

④持続時間（何分，行動が継続したか）

これはターゲット行動がどのくらいの長さ続いて起こっているかどうかを示す記録方法です。ターゲット行動を始めた時間と終了した時間を記録しておけば，その差から持続時間を算出することができます。

■ ターゲット行動：一人で宿題に 30 分間以上取り組む

日付	開始を告げた時間	開始時間	終了時間	持続時間（分）
10 月 17 日	16:00	16:12	16:32	20
10 月 18 日	16:05	16:20	16:45	25
10 月 19 日	16:15	16:35	17:00	25
10 月 20 日	16:03	16:05	16:35	30
10 月 21 日	15:45	16:01	16:35	34
10 月 22 日	16:00	16:02	16:12	10
10 月 23 日	15:30	15:55	16:10	15

この「持続時間を測る」ことを厳密に行うのが難しいような場合には，「0 ～ 10 分間できた」＝ 1 点，「10 ～ 20 分できた」＝ 2 点，「20 ～ 30 分できた」＝ 3 点，という具合に大よその時間を点数化するという方法もあるでしょう。なお，この「大よその時間を点数化する」方法は，次の「潜時」にも応用ができるものです。

⑤潜時（行動を始めるきっかけを示してから，実際に行動を開始するまでの時間）

これは，上記の記録方法にも実は含まれています。宿題を開始という時間を告げてから，実際に宿題を開始するまでにかかった時間というのが「潜時」となります。たとえば，10 月 17 日では，16：00 に開始と告げられて，16：12 に宿題を開始していますので，潜時は「12 分」ということになります。

この潜時は，「好み」の評価などによく用いられるものです。たとえば，いくつかの物品を提示しておき，どの品物にどのくらいのスピードで手を伸ばすか，というような場合です。この場合，潜時が短ければ短いほど「好みのもの」である，という具合に判断できます。

⑥状況（行動の直前，直後の状況，具体的にはいつ，誰と一緒のとき，どこで，その行動が起きたか，行動が起きた後にどうなったかなど）

これは，ABC フレームの枠で行った，直接的な行動観察の結果を記録するというものです。

状況を具体的に記録

日付	状況	先行事象（A）	行動（B）	結果事象（C）
10月1日	掃除後，教室で待っている	「Uくん，帰ってきたね」	ドアを蹴る	「帰ってきたら公園へ行こうね」公園にいく直前まで蹴り続ける

ワーク

自分の記録用紙のアイデアを書いてみましょう

①記録方法を決める 「次のどれにしますか？」

① 生起の有無（行動が起きたか，起きなかったか）
② 回数（行動が何回起きたか）
③ 比率（一定時間の中で行動が何回起きたか）
④ 持続時間（何分，行動が継続したか）
⑤ 潜時（行動を始めるきっかけを示してから，実際に行動を開始するまでの時間）
⑥ 状況（行動の直前，直後の状況，具体的にはいつ，誰と一緒のとき，どこで，その行動が起きたか，行動が起きた後にどうなったかなど）

②上手に記録が取れる記録用紙を書いてみましょう

プチステップ⑮　記録を取って「ベースライン」の重要性を理解しよう

■「記録を取る」意味とは？〜指導の効果を知る〜

記録用紙もできました。後は記録を取るだけという段階になりました。ここで「なぜ，記録を取る必要があるのか」について，説明します。一回ずつ行動の結果を記録したものは「データ」となります。記録したデータを以下のようなグラフに記入すると「記録を取る意味」がよくわかります。グラフを書くときの原則では，横軸は時間軸となります。以下のグラフでは１〜４回までが指導を行う前の「ベースライン期」の時期に当たります。縦軸はいろいろな尺度が考えられます。回数の場合もありますし，時間で何分という場合もあります。「適切な行動」の場合，ベースライン期ではターゲット行動はそれほど多くできていないものという具合になるはずです。

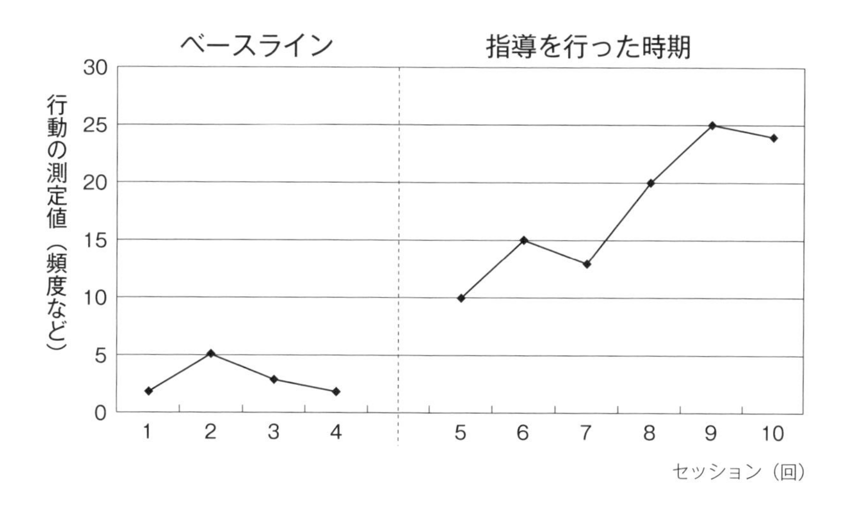

行動を増やすことが目的の場合（指導がうまくいった場合）

次の「指導を行った時期」というところで，初めて大人の側が何らかの意図的な指導を行うわけですが，上記の図では指導が行われるに従って，目標が達成されていく様子がグラフの上ではっきり示されています。つまり，増やしたい行動は増えていくという傾向を示しているということです。このようにグラフで示されればその指導がうまくいっているか，いないかが「誰が見ても」はっきりわかります。

体重，血糖値，その他のさまざまな血液検査の値などの値を測ってきちんとその治療方法の効果があるかどうかを示すこともまったく同じ理屈であるというのがおわかりいただけるでしょう。

下のグラフは「指導がうまくいかなかった場合」，つまり「ターゲット行動が予測通りに増えなかった場合」を示しています。実は，こういうグラフは学会発表や論文などでは余り見ることのないものです。なぜかと言えば，それは「指導がうまくいかなかったから」に他なりません。しかし，実際の指導の場面では，こういう状況はいくらでも起こりえます。ターゲット行動を決めて，指導を行って，全然予測通りに行動が増えない……。

「やっぱり，この指導方法はだめだ……」と落ち込む気持ちが生まれるのは当然です。大事なのは，その次にどうするか，ということなのです。

たとえば，これが薬の効果を示すグラフとしたならば，ある一定期間，特定のお薬を使ってみて，全然データに動きが見られなかったら，医師は何と判断するでしょうか。当然「この薬は効いていない，別の薬を処方しよう」と考えるはずですね。子どもの指導場面でもこの論理はまったく同じです。

データの数値の動きを見て，「このままこの指導方法を続けるのが良いのか」「効果がないと判断して，別の指導法に切り替えるのか」という「意思決定」をすることができるわけです。

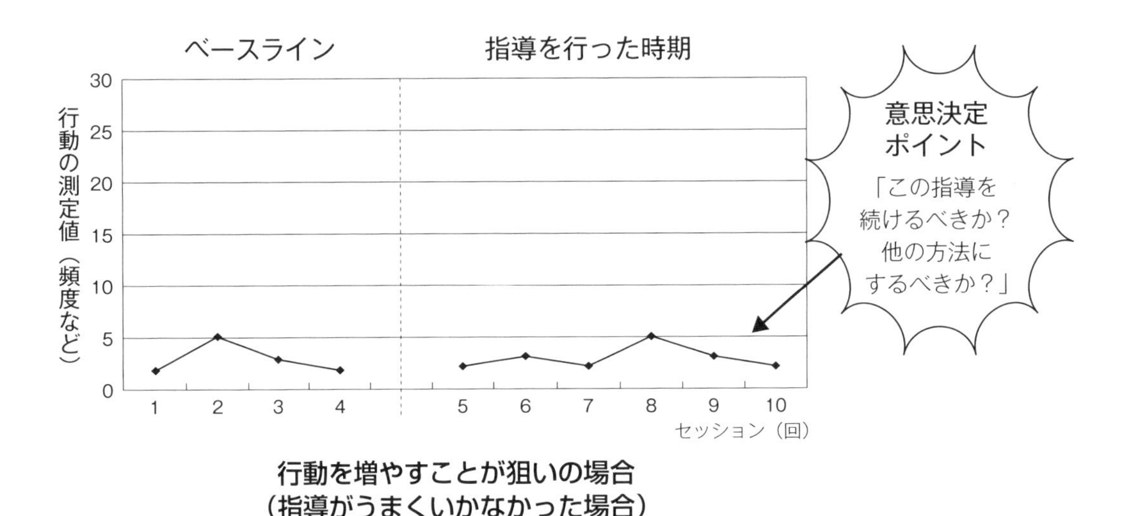

行動を増やすことが狙いの場合
（指導がうまくいかなかった場合）

ただし，実際の場面ではターゲット行動のデータの変動以外にも他の行動変化が見られていないかどうかなども細かく見ていくことが大切になります。

■ 初めの一歩～とにかく記録を取り続ける～

ターゲット行動が絞り込めて，その行動を記録するための記録用紙が出来上がったら，データが安定するまで（おおよそ１週間～２週間ほど）記録を取っていきます。

ここでは決めた通りにただひたすら記録を取ります。新たに意図した指導をしていない状態で記録を取り続けることで「ベースライン」データを収集していることになります。

ベースラインとは，現在の状態はどうなっているのかといういわば「実態把握」の時期なのです。この際，それまでいつも行っていた指導を止める必要はありません。「今までの状態」のままで記録を取るということが，ベースラインの意味です。

「え，ターゲット行動がわかっているのに，どうしてすぐに指導しないの？」

と思われるかもしれません。この疑問に対する答えは明確で，このベースラインの記録をしっかり取らないと，実際に指導方法の効果があったかどうかがわからない，という問題が出てくるからです。効果があったかがわからないというような状態ではしっかり指導ができているとは言えません。改めて，記録を取ることには以下のような意義があります。

1）指導に対して責任を持つ（本当に指導が効果があったのかどうかを証明する）
2）学校の場合は，校内で生じた事実に関する情報が開示できる

そして記録を取ることの利点には以下のようなことがあります。

1）事実がわかる＝子どもの実態が把握できる（進歩しているのか，いないのか）
2）関わる大人の共通理解が得られる
3）指導方法が有効か否かが判断できる（意思決定の根拠となる）
4）指導方法を子どもに合わせたものにアレンジするための基礎データが得られる

さらに付加的な利点として，自分で自分の行動を記録することで客観的に状態を見ることができるようになり，そのことで問題だと認識していたことが，実はそれほどまでに大きな問題ではなくなるということがあります。記録を取ることによる影響で，自分の行動が変容する場合があるということです（このことを「反応性効果」と言います）。

これは余りにも当たり前と言えば当たり前のことなのですが，教育現場では「愛情を持って接することが大事」「数値で子どもを測るなんて非人間的」という具合に客観的な行動を数値で示すということに対する抵抗感が見られることがあります。けれども，これを医療の領域に置き換えてみたらどうでしょう。「愛情を持って患者に接する」というのはいわば「当たり前の基本」であり，医師というのはたくさんの検査を行って「客観的なデータ」を収集し，それを元に診断を下して治療方法を決めています。この際に，医師が何もデータを示さずに「なんとなくこの薬が合うと思いますから使ってみましょう」と言われたら，どう思いますか。答えは明らかです。

そういう意味でも，客観的なデータをしっかり取る，ということは子どもにかかわる指導者側（教師であれ，親であれ）に課せられた義務とも言えます。

このステップで実施したこと（チェックしてみましょう！）

- □　ターゲット行動を決めた
- □　ターゲット行動になりそうな行動を列挙し，指導したい順位をつけた
- □　列挙した行動の中からターゲット行動を一つに絞り込んだ
- □　記録用紙を作った
- □　記録を取って「ベースライン」の重要性を理解した

コ ラ ム

「記憶」に頼るな，「記録」に頼れ！
～記録を取らないと行動のパターンはわからない！～

ときどき，先生から自分の担当している生徒さんの，あるいは保護者の方からわが子の気になる行動を何とかしてほしいと相談を受けることがあります。

ほとんどの場合，子どもの行動の記録を取っていらっしゃることはなく，「記憶」に頼って，例えば朝の会で騒ぐのを何とかしてほしいというように訴えられます。そんなとき，必ずお尋ねするのが「どんなときにどの程度，気になる行動が起きていますか？」ということです。そして，「とりあえず，一週間くらい，どんなときにその行動が起きたか記録を取ってみてください」とお答えします。そうやって記録を取り出すと，学校の例で木曜日の午後にその行動が頻発しているという傾向が見えたり，あるいは特定の教科のときに見られているということがわかってきます。このような行動のパターンは，記録を取るまではまず気づけません。そのくらい，私たちの記憶は曖昧であり，客観性に欠けているのです。記録を取ることで，行動のパターンや起きやすい状況が見えてくると指導への手がかりがぐっとつかみやすくなるでしょう。

ステップ 4

ほめ上手への道

～強化の原理を使おう！～

このステップで実施すること

⑯ 行動の直後に何が起きているのかをうまく使おう
⑰ うまいほめ方のコツを理解しよう
⑱ ほめる頻度を決めよう

プチステップ⑯ 行動の直後に何が起きているのかをうまく使おう ～「強化の原理」の活用～

さて，ベースラインデータも取れました。これからいよいよ「指導」に入っていきます。そもそも「指導」とはターゲットにした行動を増やしたい，という指導する側の意図があってスタートするわけです。ですから，どうすれば行動が増えるのか，について知らないまま指導に取り組むのは，行き先もわからないまま旅に出るようなものです。

すでに，行動が続いて起こるのは，後続事象で何かを得ているか，あるいは何かがなくなっているという「機能している」からということはステップ２で学びました。ABC フレームで示すと以下のようになります。

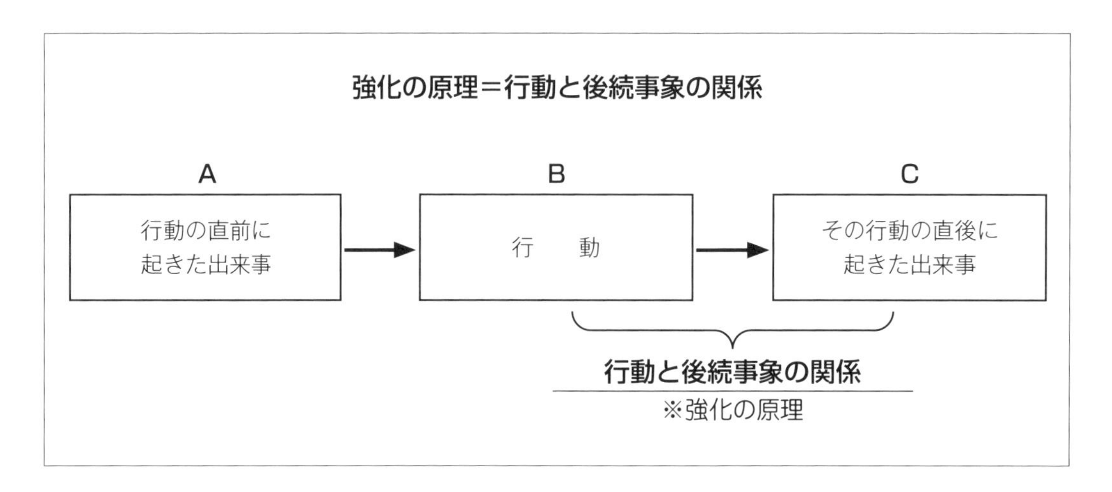

ここからは次に示した，「指導の手続き作成フォーム」を一つずつ考えながら埋めていくという作業になります。このフォームの一番上の四角の「①具体的なターゲット行動」のところにはプチステップ⑬で絞り込んだフォームからそのまま書き写します。「先行事象」（A）とあるところには，その行動をするのに望ましい状況を書き入れます。ここまでで，何をターゲット行動にするかが明確になったことになります。

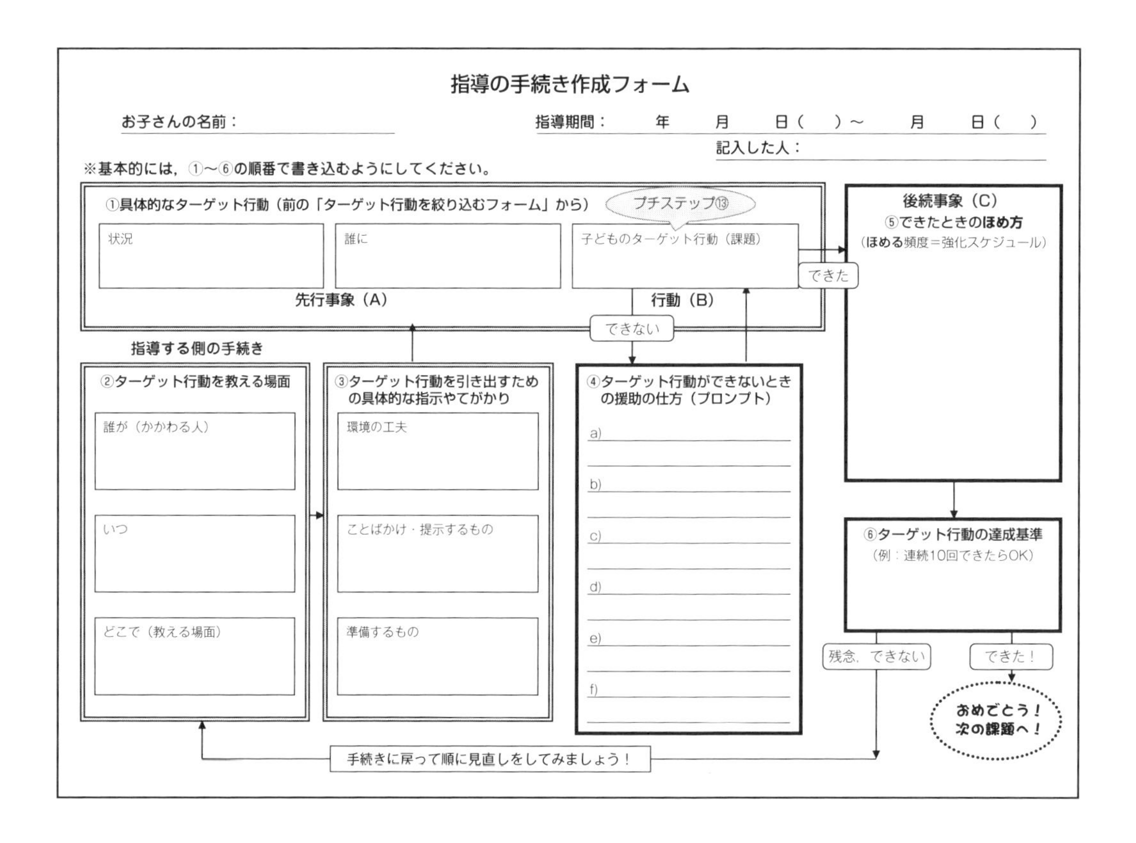

指導の手続き作成フォーム

お子さんの名前：

指導期間：　　年　　月　　日（　）～　　月　　日（　）

記入した人：

※基本的には，①～⑥の順番で書き込むようにしてください。

①具体的なターゲット行動（前の「ターゲット行動を絞り込むフォーム」から）　プチステップ⑬

状況	誰に	子どものターゲット行動（課題）
先行事象（A）		行動（B）

できた → 後続事象（C）　⑤できたときのほめ方（ほめる頻度＝強化スケジュール）

できない → ④

指導する側の手続き

②ターゲット行動を教える場面
- 誰が（かかわる人）
- いつ
- どこで（教える場面）

③ターゲット行動を引き出すための具体的な指示やてがかり
- 環境の工夫
- ことばかけ・提示するもの
- 準備するもの

④ターゲット行動ができないときの援助の仕方（プロンプト）
- a)
- b)
- c)
- d)
- e)
- f)

⑥ターゲット行動の達成基準（例：連続10回できたらOK）

残念，できない → 手続きに戻って順に見直しをしてみましょう！

できた！ → おめでとう！次の課題へ！

本ステップでは，後続事象（C）の「できたときのほめ方」のところにどのように記入するかについて考えていきます。

プチステップ⑰　うまいほめ方のコツを理解しよう～強化子について理解する～

前のステップでも解説したように，行動の後に何かの後続事象が起きて，その結果として行動が増加したときに，その後続事象のことを「強化子」と言います。与えることで行動が増加するものは，正の強化子，取り除くことでやはり行動が増加するものは負の強化子と言います。「正の強化子」とは「行動の後にプラスされることで」行動が強化されるようなもの,「正の」は「プラス」と覚えておくとよいでしょう。逆に「負の強化子」というのは「行動の後に何かがなくなることで，つまりマイナスされることで」行動が強化されるようなもの，「負の」は「マイナス」と覚えておくとよいでしょう。一般的に指導の場合には,「正の強化子」を計画的に提示していくことになります。

一体，何が「正の強化子」になるのか，これを一番よく知っているのは子どもの身近にいらっしゃる方（親御さんであったり，先生であったり）なのです。子どもの喜ぶことや活動を見つけること，これが正の強化子探しの基本です。つまり,「うまいほめ方」を探していくのです。例としては以下のようなものがあります。

- 子どもが好むかかわり
（大人の表情，身振り，身体的接触，「ほめる」などはここに入ります）
- 子どもが好む活動
- 子どもが好む物
- 子どもが好む食べ物　　など

普段の生活の中でどのような活動や食べ物，品物などが好きかを整理するためには,「“大好き”探しの旅」フォーム（69ページ）を使います。

あるいはもう少し意図的に強化子となるものを探すこともできます。これは子どもにいろいろな物を提示したり，いろいろな方法でかかわったりしてその反応を観察していきます。以下のような反応が見られたならば，その物，活動，（あるいは人）はその子にとって好みのもの＝強化子となる可能性が高いということになります。

- その物，活動，（あるいは人）に自分から接近するか？
- その物，活動，（あるいは人）に長くかかわっているか？
- その物，活動，（あるいは人）に注目するか？

逆に，ある物を提示しても，拒否したり無視したりするような場合は，その物（活動，人）は子どもにとって強化子となる可能性がほとんどないと予測が付くわけです。

実際，これは子どもだけではなく大人にも当てはまるもので，自分が好きなことというのは「自分から活動を開始し，長くかかわり，それに注目している」というものですね。

コラム

趣味とは何か？「強化の原理」で考えると……

趣味に従事する行動とは，何なのでしょうか。例えば，テニスをする，写真を撮る，着付けをするなど，趣味というカテゴリーに入る行動はたくさんあります。そして，共通しているのは，行動した後にお金をもらったり，誰かの賞賛がなくても，長く続いて起きているということです（三日坊主では趣味とは言わないでしょう）。むしろ，出費がかさんでも行動が続いて起こるものです。

こういう行動も強化の原理で見直してみると，やはり行動した後に何かが得られている（あるいは何かが消去している）のです。写真を撮る行動は，シャッターを押した直後に撮った写真をすぐに見ることができますから，それが強化子になっている可能性があります。もちろん撮った写真を誰かに見せて褒められたという注目を得ることもあるでしょう。テニスクラブに参加すると，家事から逃げられるという場合もあるかもしれません。行動することそのものが強化子になっている場合ももちろんあります。何が強化子になっているかは人それぞれですが，ある人がよく行っている行動を見れば「あの人は，ああいう行動が強化されるんだな～」ということはわかるわけです。

ワーク

「“大好き”探しの旅」フォームに記入して，強化子を探そう！

次の「“大好き”探しの旅」フォームに記入しながら，子どもの喜ぶこと，好きなことをシステマティックに探していきます。これは次の「手続き作成」のときの「後続事象（ほめる）」ところで使える可能性のある強化子を探し出すためのものです（巻末資料Ｆにあります）。

学校の先生は場合によっては，このフォームを使って保護者と一緒に考えると自分が気づいていない子どもの好みを見出せることがあるかもしれません。

“大好き” 探しの旅

子どもの名前：タロウ　記入日：令和元年５月６日　記入した人：トミコ（母）

1．お子さんが喜ぶ活動，好きなもの，遊び，を挙げてください。
（例が３つあります）

活動・物	具体物	程度（頻度）	活動の様子
（例１：活動） 読書	ジャンルは特になし カタログ	ほとんどいつも	熱心に読んでいる
（例２：もの） ビデオ鑑賞	動物集 アニメ	家に帰ると大体いつも	自分で選択して，１日２時間は見ている。
（例３：遊び） 遊具遊び	ブランコ ジャングルジム	公園に行くと必ず	笑顔が多い。ブランコでは，押すようにいつも要求する。

お子さんの喜ぶ活動，好きなもの，遊びを例にならって以下にご記入ください。

2．その他（お子さんが大好きな誉め言葉など）

行動分析学の基本的な考え方は「機能に基づくモノの見方」です。この機能に基づく見方というのは，実際に効果があるかをしっかりと見極めるということです。「強化しているから増える」というのではなく，「行動が実際に増えた事実を確認したときに，行動が強化されている」，つまり「その指導方法に効果があったと判定できた」ときに初めて「強化された」と言えるということなのです。ある対応をしていたときに，その後に実際に行動が増えたかどうかで「強化された」と判断するということです。

この点をきちんと理解しておかないと，「おかしいな，強化しているはず――ある行動をほめているつもり――なのに，ターゲット行動が増えない……」という事態が起こりえるわけです。正しく強化の原理を理解している人ならば，「おかしいな……強化しているはずなのに，行動が増えない……。ということは，自分が強化していると思っている対応――多くの場合はほめる行動――は実は行動が増えるように作用していないのでは？ならば，対応の仕方を変えてみよう！」とこのように展開していくはずなのです。そして，見事行動が増えたときに「きちんと強化できた」と判断できるわけです。

強化しているから強化になっている，ということではなく，行動が増えたという事実があったときに「強化された」と言えるのです。

極端な話，子どもを「ほめているつもり」＝「強化しているつもり」であってもその後の子どものターゲット行動が増えなければ，それは強化しているとは言えないですし，逆に，「叱って」ある行動を減らそうとしているのに，減らずに続いているままであれば，「叱る」ことがその行動を強化している可能性があります。

ほめる＝強化，叱る＝弱化，という形式的な単純な図式は成り立たず，あくまでも「実際に行動が増えたか減ったかで判断する」そのことが「機能的に基づくモノの見方」ということなのです。

プチステップ⑱　ほめる頻度を決めよう～強化スケジュールとは？～

ターゲット行動が見られたら，毎回ほめないと，つまり毎回強化子を与えないと行動は消えていってしまうのでしょうか？ この答えは「ノー」です。強化子をどのようなスケジュールで与えるかの取り決めをしたものが，「強化スケジュール」と言われるものです。これには大きく二つのものがあります。最初は連続強化，いずれは間欠強化でも行動が維持していくようにします（アルバート，2004, p. 203）。

・連続強化スケジュール
　ターゲット行動が起こるたびに強化する。
　強化子に対する飽和（飽き）が生じることがある。
・間欠強化スケジュール
　比率・時間間隔・持続時間などにより，ときどき強化する。

なぜ，どのくらいの頻度で強化するべきかという「強化のスケジュール」が大事かと言えば，一般的な指導の方向として，最初はターゲット行動が見られたら，「連続強化」で毎回強化しますが，徐々に間欠強化にしていきます。間欠強化でも行動が持続すること，それは子どもと指導者の両者にとってより豊かな生活ができるということになるわけです。加えて，強化する際の手間暇，つまりコストを徐々に下げていくということにもなります。

■ 強化子を用いる際の留意点

子どもの行動を増やすことのできそうな強化子の候補（まだ確定したわけではありませんから，「候補」としておきます）がいくつか見つかりました。実際に強化子を使うときにはいくつかの注意点があります。

コラム

用語がバラバラ（その1）

応用行動分析学（ABA）を学び始めた方が最初に必ずぶつかる壁がこの「用語」の多様さです。加えて，正の強化，負の強化，という用語でも混乱をきたす場合が多々あり，筆者もまさにその一人でした。この「正の強化」をもたらす後続事象のことを「正の強化子」あるいは「好子」といいます。「負の強化」をもたらす後続事象のことは「負の強化子」あるいは「嫌子」「嫌悪刺激」といいます。この「正」「負」というのは，単に「プラス」か「マイナス」かの意味であり，その意味は「何かが得られる」＝「プラス」＝正，あるいは「何かがなくなる」＝「マイナス」＝負，の意味という具合に覚えておくと，負の強化＝行動が減る，という具合に表現する間違いを極力減らすことができます。

このような用語の混乱を解決するために正の強化は「提示型強化」，負の強化は「除去型強化」とすることが日本行動分析学会で決められました（2019年４月時点）。

また，本書では正の強化子，負の強化子ということばで統一しています。これも用語の表現の仕方で理解が混乱するのを避けるためです。

1. ターゲット行動の直後に与える
2. その場で具体的に与える
3. 適切な分量を与える
4. ターゲット行動を行う困難度，労力に見合った強化子を用いる
5. 強化子は多数（多種類）用意しておき，バリエーションをつける
6. 行動が安定してできるまで強化子を与え続ける
7. 子どもの行動が変化しているかどうかを確認する

また，強化子とはいつも強化子としての力を発揮するわけではありません。使いすぎると飽きたり，効果が薄れたりしますし，子どもの状態によって機能しないこともあります。大事なことは「子どもの行動が変化しているかどうかを確認する」ということになるわけです。

また同様に大切なことはターゲット行動が「起きやすいように」工夫する，つまり先行事象の工夫ということですが，これは次節の「工夫上手への道」で詳しく解説していきます。

ここまでのステップが完了したところで，66 ページの「指導の手続き作成フォーム」の後続事象（C）の「⑤できたときのほめ方（ほめる頻度＝強化スケジュール）」というところに書き込む準備ができたことになります。

このステップで実施したこと（チェックしてみましょう！）

- □ 行動の直後に何が起きているのかをうまく使った
- □ うまいほめ方のコツを理解した　→手続きフォーム⑤に記入
- □ ほめる頻度を決めた　→手続きフォーム⑤に記入

ステップ 5

工夫上手への道

～適切な行動をうまく引き出すのがコツ！～

このステップで実施すること

⑲ 先行事象を工夫しよう
⑳ 環境調整を行おう
㉑ プロンプトを活用しよう
㉒ 待ち上手になろう
㉓「指導の手続き作成フォーム」に記入しよう

前節ではABCフレームの「BとC」つまり「行動と後続事象」の関係に着目しました。つまり，ターゲット行動が出現したら，どのようにしてそれを増やし維持していくかについて，行動の「後」にどのように周囲がかかわったらよいかについて学びました。

本節では，ABCフレーム「AとB」つまり「先行事象＝行動の前に起きる出来事・事象」と「行動」の関係に着目していきます。この部分を示したものが以下の図です。

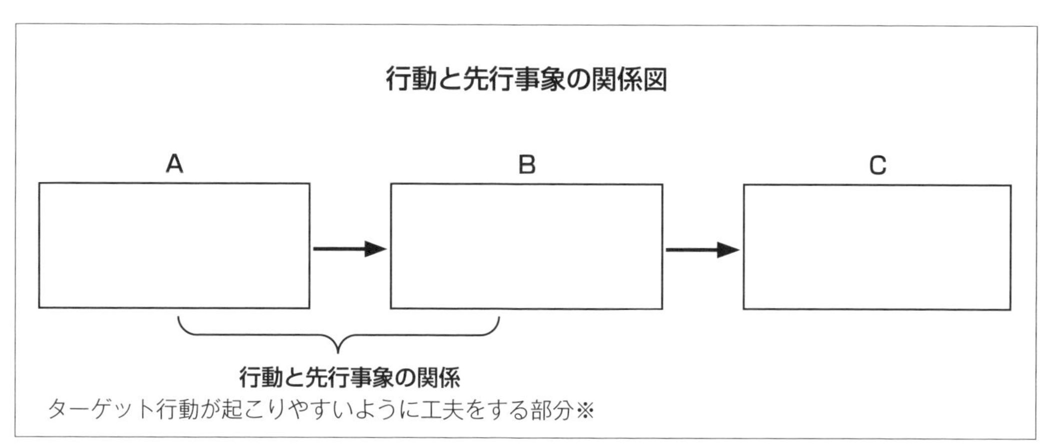

※註：ここの関係は専門用語で言うと「刺激性制御」といいますが，本書ではこの用語を使わずに以下の解説を進めていきます。

行動の前にはその行動を起こす「きっかけ」となる何かの刺激（事象）があります。これを「先行事象」あるいは「先行刺激」と言います。このようなきっかけには，たとえば「横断歩道を渡る」行動のきっかけとなる「信号の青」や「家を出る」行動のきっかけとなる「朝７時」という時間であったり「火を止める」行動のきっかけとなる「やかんがピーピーいう音」など，たくさんの例があり，私たちの日常生活もこの「先行事象」をきっかけにして行動を次々に起こしているのです。

このように普段は何が自分のあるいは子どもさんの「先行事象」になっているか，特に意識しないで行動しています。この意識していない部分を本節では「意識的に工夫して」ターゲット行動をうまく引き出すことができるような「仕掛け」を作っていくにはどうしたら良いかということについて解説していきます。実はこういう工夫は実際の生活の中でも無意識にやっていることがあります。たとえば，うるさい場所ではなかなか「勉強する」という行動が生起しにくいですが，「図書館に行く」という行動によって集中して勉強できることがあります。これは，自分で「先行事象」を変えて，勉強するという行動が出やすいように工夫している良い例です。

このように先行事象を変えることで，ターゲット行動が出やすいように設定していくわけです。

この先行事象を工夫するということは，先の「指導の手続き作成フォーム」（66ページ）では，

コラム

先生は先行事象を調整するプロ？！

ABAの専門用語は知っていようがいまいが，授業が上手な先生というのは，先行事象の調整が上手い先生です。そういう先生の授業を一日，ABCフレームのメガネをかけて見学してみると良いでしょう。

日々子どもたちに投げかける，インストラクション（教示）が具体的でわかりやすいことで（Aの部分），子どもたちの適切な行動をピシッと引き出している（Bの部分），そして，その適切な行動に対してしっかりフィードバックをしている（Cの部分）という構造が見えてくるはずです。逆に，インストラクションがうまくない先生は，適切な行動を引き出せず，よってその後，注意したり叱ったりというループに陥りやすくなってしまいます。

子どもたちが次にどんな活動をすれば良いのか，具体的にわかりやすく提示するというのは，まさに先行事象を調整するということに他ならないのですね。

②ターゲット行動を教える場面，③ターゲット行動を引き出すための具体的な指示やてがかり，というところを埋めていく作業となります。

プチステップ⑲　先行事象を工夫しよう〜先行事象にはどのようなものがあるか？〜

行動のきっかけとなる「先行事象」になり得るものには「社会的刺激」つまり「人の存在」によるものと，「物理的刺激」つまり「社会的刺激以外のもの」があります。実は，これらの刺激は指導とは関係なく，前述したように日々の行動のきっかけとなっている要因です。「社会的刺激」の例では，たとえば職場では大人しいが家では威張った行動をする，のは「奥さん」という社会的刺激が「威張る」という行動の先行事象となっている可能性があります。ここまで極端な例でなくとも，相手によって態度（言葉遣いなども含めて）を変えるというのは誰でもあるのではないでしょうか。また同じ人に対してであっても，相手の表情によって「あ，今日は機嫌が悪そうだな」と判断すれば，それに合わせて行動を変えることもあります。

物理的刺激というのは，いわゆる「環境」と一般的に言われるものから，教材のようなものまで，人刺激以外のもの全部を含みます。これも，自宅では勉強できないけれども，喫茶店ならできるなど，環境によって同じ行動が楽にできたり，できなかったりというのは誰にでもあります。それは，無意識のうちに自分が快適に目的とした行動を行えるように環境調整をしているのです。

コラム

「刺激」か「事象」か，はたまた「条件」か？
〜用語がバラバラ（その2）〜

行動分析学の勉強を始めたばかりの方にとって，大きな一つの難関は，同じ意味内容を示すのに違う専門用語が当てられているということです。たとえば，

「先行事象」＝「先行刺激」＝「先行条件」　＝A　(Antecedent)

「後続事象」＝「結果事象」＝「結果」＝「結果条件」　＝C　(Consequence)

など，ABCフレームで使われている要の用語であっても，原語からの訳され方はさまざまです。「え？　先行刺激と先行事象って同じこと？違うこと？」 ここで躓いてしまうとその先の学びがなかなかスムーズに進みません。それぞれ，微妙な意味ニュアンスの違いもある場合もありますが，ここでは，ほぼ同じ意味内容と理解していただいてよいと思います。

「工夫上手」とは，こういう普段は意識しないさまざまな先行事象を意図的に操作して，目的としている行動を楽に行えるようにしていくことです。

具体的に先行事象となり得るものの代表例を以下に示しました。どれをどのように使ったら，「ターゲット行動」がうまく引き出せるか，それを考えて「手つづき作成フォーム」に記入していきます。

先行事象となり得るもの

■社会的刺激（人の刺激）
- 人の存在そのもの
- 教示（「教示」とは教えることを含めた指示のこと）
- 指示
- 表情
- 動作　　　　　　　　など

■物理的刺激（人以外の刺激）
- 時間
- 場所
- 教材
- 机・椅子の配置　　　など

■何気なく言っている「指示」について見直してみよう！　～行動を開始するきっかけのつもりが……～

ここで具体的な指導方法の工夫をしていく前に，大人が普段何気なく使っている「指示」について考えてみたいと思います。障害のあるなしに限らず，子どもを相手に日常的によく見られる場面は，大人が「同じ指示を何度も何度も繰り返し言っているのに一向に行動が改善されない」ということです。何度言っても，脱いだ洋服を洗濯籠に入れてくれない，何度言っても宿題をやってこないなどまさにこの例です。こういう場合には，以下のようなループが出来上がっている可能性があります。

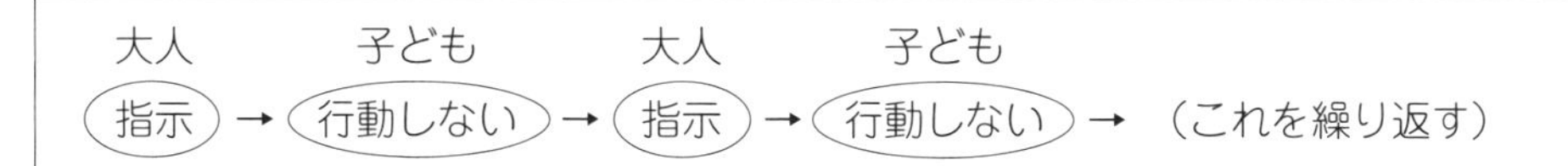

結局，「指示」が行動を開始するきっかけとして機能しなくなる……

「指示」が行動のきっかけとならなくなる悪循環

指示をしている側は「期待する行動を開始してほしいからこそ」指示を出しているにもかかわらず，その「指示」が結局「行動を開始するきっかけ」として「機能していない」ということです。

つまり，ここから学べることは，「簡単に指示を出さない」「指示の出し方を工夫して，きちんと行動のきっかけとなるようにする」ということです。次に代表的な「良い指示」つまり「行動のきっかけとなるような指示」の出し方のコツを示しました。

行動のきっかけとなるような指示の出し方のコツ

- タイミング（子どもが自分に注意を向けたことを確認してから）
- 一貫した言い方，声の大きさ，トーン，速さで（分かりやすくはっきりと伝える）
- 適度に行う（何度も同じ指示を繰り返さない）

一度の指示で相手が自分の期待通りに行動してくれたならばそれは，その指示がその子ども（あるいは大人）にとって機能したことになります。

コラム

どっちが楽？～目の前にあるお菓子の誘惑～

子どもにはむやみやたらにお菓子を食べてほしくないとします。子どもの目の前においしそうなお菓子を置いておいて，それを食べないように我慢しなさいといい続けるのと，そもそもお菓子自体を子どもを目の前に出さないでおくのと，どちらが子どもにとって，親にとって楽でしょうか？　上手に先行事象を工夫するということのヒントはこれです。

自分の指示がターゲット行動のきっかけになっていないようだ，というときには上記のコツのどれかに違反していないかどうか，見直してみます。なんだかんだといつも口をついて「注意している」場合には，一度，黙って自分の行動をふり返ることも大事です。もちろんことばではなく，絵カードなどを使って指示することも工夫の一つです。自分が発することばは，むしろ強化する際（＝ほめる）に使おう！ということですね！

プチステップ⑳　「環境調整」を行おう～大きな舞台を整える～

先の図書館で勉強する，あるいは食べさせたくないお菓子は目の前に置かない，というようにターゲットとする行動をなるべく生起しやすい（あるいは気になる行動の場合は生起しにくい）環境を設定することを「環境調整」といいます。「環境」ということばを使っていますが，これは上記の「社会的刺激（人の刺激，人からの刺激）」と「物理的な刺激」の両方が含まれています。

「社会的刺激」を調整するという具体的な例として，ある先生と一緒のときには活動にうまく取り組める子どもが，別の先生のときには騒いでしまうといった場合，うまく活動できる先生との時間を増やすという調整方法があるでしょう。

TEACCH（Treatment and Education of Autistic and Related Communication Handicapped CHildren）でいうところの「構造化」というのは，「物理的な刺激」をうまく調整するという「環境調整」にあたり，一人ひとりに合わせて，何をすればよいのかをわかりやすく提示する方法です。これには「時間と空間の構造化」の二つがあります。ただし，気をつけなければならないのは，「その子にあった構造化になっているか」という視点です。「机の配置を変える＝構造化」ではありません。その変えたことがきちんとその子にとって「意味あるもの」になっているかを常にチェックすることが重要ということです。

構造化（時間と空間をデザインする）

1）物理的構造化
　例：机の配置を変える，机上にあるものを整理する，課題を行う場所を設定する
2）時間的構造化
　例：スケジュールを提示する，　活動の量や手順を示す

大事なことは，このような方法を使えば「環境調整」をした，ということではなく，繰り返しになりますが，本当にその子どもに合った「調整をしているか」ということです。子どもがターゲット行動をしやすくなっているかどうかをきちんと見極めるということです。つまり，常に「これは効果がある方法だろうか？」と考えながら，指導を行う，効果がないと判断されたら（意思決定のポイント，62ページ）やり方を変えるということです。

そして，活動にうまく取り組めていないな……というときには以下のような点について見直してみると，どのような「環境調整」が子どもにとって効果があるか（機能しているか）ということが発見しやすくなります。

活動（課題）がうまくできないときのチェックポイント

- 活動（課題）の難易度
- 活動（課題）自体のわかりやすさ
- 活動（課題）の量・時間
- 活動（課題）の順番，好き嫌い
- 活動（課題）の提示の仕方
- 指示・教示などの提示の仕方
- 援助の仕方＝プチステップ㉑の「プロンプト」

プチステップ㉑　「プロンプト」を活用しよう　～自分一人でターゲット行動ができないとき～

プチステップ⑳の「環境調整」が大きな舞台設営だとすれば，このプロンプトというのはターゲット行動の遂行の直前や遂行中に指導する側が提示していくもので，うまくターゲット行動が起きやすいように「付加される刺激（ヒント，援助）」のことです。

プロンプトの種類

①　言語的プロンプト
②　視覚的プロンプト
③　身体的プロンプト

プロンプトの提示の仕方にはいくつかの方法があり，言語的，視覚的，あるいは身体的に与えられます。指示や教示は，言語的プロンプトの方法としてよく用いられています。例えば，先生がことばを教えているときに，「何て言うんだっけ？」と質問するのは言語的プロンプトに当たります。視覚的プロンプトの代表的なものには，自閉スペクトラム症の子どもに対して，写真カードで活動の手順を示すなどがあります。このような視覚的プロンプトを使うことで，指導する側の声かけは大幅に減少することでしょう。スケジュールでは，子どもがより自発的に行動することを促すために，大きさ，形，色などいろいろな工夫がなされます。たとえば，その時点で行っている活動を明示するために，活動の絵カードのまわりに赤枠を設けることがあります。これは刺激自体を工夫する，一つのプロンプトと言えるでしょう。また，適切な行動を実際に指導する側が行って見せて，モデルを示す「モデリング」，あるいは注目するべき事物を指さしして示す「ポインティング」ということも効果的な方法です。

身体的プロンプトは，手を使って誘導できる，移動や日常生活動作などを教えるのに用いられます。身体的プロンプトを用いる際は，子どもにとって嫌悪的なものとなる可能性があるため，子どもの実態に応じた誘導を心がけねばならないでしょう。

それぞれのプロンプトの内容を書いてきましたが，これらは組み合わせて用いる場合もあります。たとえば，声がけしながら指さしをして，教材に注目させることは普段多くのクラスで行われていることです。この辺りのサジ加減は，いつも「子どもの様子を見ながら」適宜変更していくということが大事になってきます。

次に示してあるものは，活動を行いやすくするプロンプトの代表的な例です。

活動を行いやすくするプロンプトの一例

- 文章を読むことを促すために
  要点を視覚化する，文節を明確にする
- 算数文章題を解くことを促すために
  解き方の手順を視覚化する，関係図を示す
- 状況理解を促すために
  選択肢を提示する，場面を視覚刺激として提示する
- 集団ゲームに参加するために
  ルールを変更する，合図を明確にする，ルール表を見せる，話し合いの手順書を提示する
- テストへの取り組みをあげるために
  自分で解答する順番のスケジュールを立てる，課題の遂行方略を視覚的に提示する
  など

次にプロンプトを使用する際の配慮点を以下に挙げてあります。

プロンプトを使用する際の配慮点

①ターゲット行動を自発させることのできる，できる限り弱いものを用いる
②プロンプトが用いられているときにも，プロンプトなしでできたかのように強化する
③プロンプトに依存することを避けるために，できるだけ早く取り除かれるべきである
④顔色や声の調子など，意識していない大人の反応がプロンプトになっていることがある

①ターゲット行動を自発させることのできる，できる限り弱いものを用いる

これは，プロンプトといういわば「援助」が多いと援助に頼ってしまい，逆に援助が少ないと失敗を繰り返してしまい，「自信喪失」になってしまうので，多すぎず少なすぎずがポイントとなります。

②プロンプトが用いられているときにも，プロンプトなしでできたかのように強化する

これは，きっかけのみ（つまりプロンプトなしの状態）によってターゲット行動が生起する回数を高めるためにも，必ずターゲット行動を強化することが大切です。

③プロンプトに依存することを避けるために，できるだけ早く取り除かれるべきである

これは，プロンプトを取り除くのが遅すぎると，いつまでもプロンプトに依存してしまうことになる，ということから，なるべく早期にプロンプトをはずしていくことが必要だということです。ただ，急にプロンプトを取り除くと，ターゲット行動がときどきしか生起せず強化できなくなってしまいます。ですから，プロンプトは徐々に取り除いていくことがポイントになります。このプロンプトを徐々に取り除いていくことを「フェイディング」[注] といいます。

フェイディングする方法では，あるプロンプトを与え，子どもがターゲット行動を事前に決めていた基準までできた場合，計画的に減らしていきます。たとえば身体的プロンプトから言語的プロンプトへと，プロンプトの種類を変化させていく場合があります。指さしと声かけから声かけのみというように，組み合わされたプロンプトを１つずつ減らす場合もあります。また，たとえば身体的プロンプトで手首から，次には腕，肘，肩へとプロンプトする位置を徐々に移動させるように，同じ身体的プロンプトであっても，その形を変化させていく場合もあります。

註）フェイディングとは，プロンプトを徐々に取り除いていくことですが，ただ単純にプロンプトを減らしていくのではなく，最初は最小限のプロンプトから始めてターゲット行動ができるまで徐々にプロンプトを増やしていく方法もあります。この手続きを繰り返すことで，ターゲット行動が徐々に生起しやすくなり，結果的にプロンプトを少なくしていくことにつながります。

④顔色や声の調子など，意識していない大人の反応がプロンプトになっていることがある

これは，課題の提示の仕方や指導者の視線・表情が期せずしてプロンプトとしての機能を果たしてしまっていることがある，ということです。気づかないうちに相手の行動の「きっかけ」を指導する側が出してしまっているということです。たとえば，指導する側がまったく無意識に，正解のカードを子どもの取りやすい位置に置いてしまっている，という場合などがこの例にあたります。

プロンプトの種類を選んで，タイミングよく提示するというのはかなり難しいことです。ただ大事なのは常に「これは本当にプロンプトとして機能しているかな？」と自問自答しながら子どもとかかわっていくことです。

プチステップ㉒　待ち上手になろう
～もう一息になったら「時間遅延法」で意識的に「待つ」～

時間遅延法とは，プロンプトをすぐに与えずに少し待ってみるということです。その狙いは，プロンプトを与える前に子どもがターゲット行動を自発することです。たとえば，3秒ほど待ってターゲット行動が出現しない場合には決められた方法に基づいてプロンプトします。待つ時間の長さは行動によって変えてもよく，適切と思われる長さで待つことが肝要です。待っている間にターゲット行動を自発する回数が多くなれば，結果的にプロンプトを必要とすることが少なくなります。この時間遅延法を行う場合というのは子どもがその行動ができることが明らかであること，つまり行動レパートリーとしてすでにある，ということが大前提になります。行動レパートリーそのものがない場合は，そもそもその行動を自発的に行えないということですから，待っても無駄ということになってしまいます。

プチステップ㉓　「指導の手続き作成フォーム」に記入しよう

工夫上手の最後のステップでは，これまでに学んだすべてを統合しながら，すでにご紹介した「指導の手続き作成フォーム」にいよいよ本格的に書き込んでいきます。

ワーク

「指導の手続き作成フォーム」に記入してみよう！

「指導の手続き作成フォーム」（84 ページ）の①～⑤の順番に記入していきます。まず一番上の「①具体的なターゲット行動」というのは，前に記入した「ターゲット行動を決めるフォーム（プチステップ⑬）からそのままコピーして書きます（先行事象（A）の状況と誰に，そして子どものターゲット行動（B）のところです）。

次に②「ターゲット行動を教える場面」を具体的に記入していきます（誰が教えるか，いつ教えるか，どこで教えるか）。

③「ターゲット行動を引き出すための具体的な指示や手がかり」では，狙いとしている行動が起きやすいような環境の工夫，ことばかけの仕方や提示するものは何か，さらに特別に準備するものがないかなどを書いていきます。たとえば，「はみがき」行動を起こしやすくするために「はみがきの時間だよ」と言うのか，「はみがき」の手順を示した絵カードを見せるのかという具合に考えていきます。要するに行動のきっかけとなるものが何かということです（プチステップ⑲，⑳）。

④「ターゲット行動ができないときの援助の仕方（プロンプト）」の部分が「プロンプト」の出し方の工夫にあたります。どんなプロンプトを出せばいいでしょうか？言語的？視覚的？身体的？あるいは複合したもの？という具合に考えていきます。この枠内の a)，b)，c）……となっているのは，その順番でプロンプトを提示していくということを決めておくためのものです。（プチステップ㉑，㉒）

⑤「後続事象（C）できたときのほめ方」のところに，前節の「大好き探しの旅」ワークで見つけた強化子の中から，このターゲット行動にふさわしい，あるいはこの行動を指導する状況にふさわしいものを選び，必要に応じてほめる頻度（強化スケジュール）も決めて記入します。（プチステップ⑰，⑱）

⑥「ターゲット行動の達成基準」のところには，何回連続でターゲット行動ができたならば，この課題を「達成」（終了）とみなすかを記入します。これはベースラインデータ（プチステップ⑮）

の出来具合で予測していきます。

この基準の決め方ですが，「5試行連続正反応」，「80％の正答率が3回続く」などが使われることがありますが，絶対的なルールはありません。課題の内容によっても変わってきますし，子どもの様子にもよります。しかし，先に書いた基準が大体「達成」（つまり，その後もターゲット行動が維持すると予測できる十分なレベルに達成したという意味での）と言って良いと思います。

ここまで記入できたら，いよいよ指導に取り組むというところに来たわけです。先に作成した記録用紙とこの「手続き作成フォーム」に書かれている手続きに従って指導を進めていくことになります。

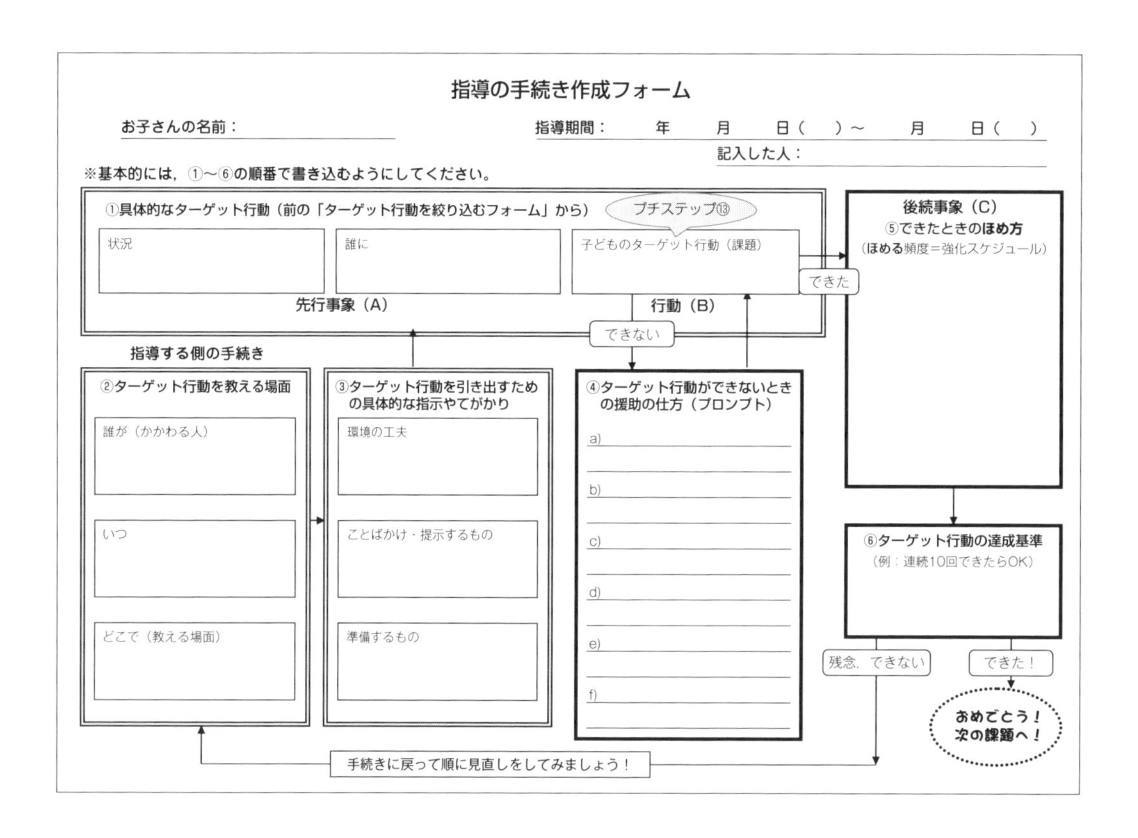

指導の手続き作成フォーム

お子さんの名前：　　　　指導期間：　　年　　月　　日（　）～　　月　　日（　）

記入した人：

※基本的には，①～⑥の順番で書き込むようにしてください。

①具体的なターゲット行動（前の「ターゲット行動を絞り込むフォーム」から）　プチステップ⑬

状況	誰に	子どものターゲット行動（課題）

先行事象（A）　　行動（B）

できた　　できない

後続事象（C）
⑤できたときのほめ方
（ほめる頻度＝強化スケジュール）

指導する側の手続き

②ターゲット行動を教える場面
- 誰が（かかわる人）
- いつ
- どこで（教える場面）

③ターゲット行動を引き出すための具体的な指示やてがかり
- 環境の工夫
- ことばかけ・提示するもの
- 準備するもの

④ターゲット行動ができないときの援助の仕方（プロンプト）
a)
b)
c)
d)
e)
f)

⑥ターゲット行動の達成基準
（例：連続10回できたらOK）

残念，できない　　できた！

おめでとう！次の課題へ！

手続きに戻って順に見直しをしてみましょう！

このステップで実施したこと（チェックしてみましょう！）

- □　先行事象を工夫した　→手続き作成フォームの①に記入
- □　環境調整を行った　→手続き作成フォームの③に記入
- □　プロンプトを活用した　→手続き作成フォームの④に記入
- □　待ち上手になれた　→手続き作成フォームの④に記入
- □　「指導の手続き作成フォーム」に記入した

いよいよ，次のステップで，指導に入ります！

コラム

工夫上手は「舞台設営のプロ」

人生には長い時間があるように錯覚してしまいますが，結局はいつか終わりが来るいわば「ドラマ」のようなものです。その中でなるべく多くの時間を快適に過ごしたいと思うのは誰もが一緒です。その際に，工夫上手やほめ上手という技を身に付けることは，すなわち，居心地の良い舞台設定をするようなものです。汚い部屋，ちらかった場所では気持ちも落ち着きません。人とのかかわりも同じです。毎日，なるべく「皆が居心地良く」過ごせるような舞台設定をすること，その舞台の上で家族や友だちが機嫌良く過ごしているのを見ることができること，それが工夫上手・ほめ上手の達人の大いなる喜びになるのです。

まず快適に「人生を演じられるような」舞台を設定する（環境調整），それでもうまく演じられないときには，舞台のソデから黒子としてそっと援助する（プロンプト），そしてうまく演じられたら，たくさん拍手する（強化），こんなサイクルがうまく回っていくと，毎日舞台を作ったり，演じたりするのが楽しくなるに違いありません。

コ ラ ム

黙ってみたら動き出した！

アキラくんのお母さんは，毎日アキラくんが学校から戻ってカバンから水筒を出さないことにイライラしていました。「水筒，出しておきなさい！」と言ってもカバンを放り投げて遊びに行ってしまい，そのままです。

ABA の勉強を少ししたところで，お母さんは少し冷静に振り返って，なぜアキラくんが水筒を出さないのかを考えてみました。改めて，自分がどう振舞っているかを見直してみたのです。何度言ってもアキラくんが「水筒をカバンから出さない」ので，結局「お母さんの方が痺れを切らして」水筒をカバンから出してきれいに洗ってまた翌日，アキラくんに持たせる，こういうことが続いていました。

アキラくん側から今の状態を見ると，水筒をカバンに入れたままであっても翌日には「きれいな水筒」になって出てくるというわけです。そこで，お母さんは決死の覚悟でいつも通り「水筒，出しなさい！」と言っても出さないアキラくんにそれ以上何も言わず，水筒もそのままにしておきました。翌日，水筒は前の日のままであることに本人がやっと気づきました。その日を境に，アキラくんは水筒を自分から出して流しに持ってくるようになりました。

大人の「良かれ」と思って行う先回りが，子どもに自分の行動の結果に責任を持つチャンスを失わせていたのかもしれません。

ステップ 6

ふり返り上手への道

～うまくいかなかったときも大丈夫！～

このステップで実施すること

㉔ 指導を行いながら，記録を取り続けよう
㉕ 記録の読み取り方を理解しよう
㉖ 常にこれでいいのかを考えながら指導しよう

プチステップ㉔ 指導を行いながら，記録を取り続けよう

「手続き作成フォーム」ができたら，この手続きにそって1週間～2週間ほど指導を行います。またベースラインのときと同じように記録を取っていきます（記録用紙，観察の仕方は基本的には「観察上手」のところと一緒ですが，場合によっては修正変更する場合もあります）。ターゲット行動がうまく生起しないときには，手続きなどを見直します。これを繰り返すことで手続きの精度を上げ，またターゲット行動をより起こりやすくするようにしていきます。

プチステップ㉕ 記録の読み取り方を理解しよう ～効果があったか，なかったかを判定する～

記録を取り続けていると，指導を行った時期に「期待（予想）通り」ターゲット行動が増えていっているかどうかが一目瞭然です（プチステップ⑮も参照）。逆に，ターゲット行動に変化が見られない場合，重要なのは「ああ，失敗した……やっぱりダメだ」というのではなく「あ，この方法は効果がないんだな，じゃ，別の方法にしてみよう」という具合にどんどん次の手を考える「材料」として「記録」を使ってもらいたいわけです。

具体的には手続き作成フォームの見直しになります。ターゲット行動自体が妥当であるか。難しすぎたり，不適切であったりしないか（手続き作成フォーム①の見直し），指示や手がかりな

どの先行事象を変える必要があるか（手続き作成フォーム②，③の見直し），援助の仕方は適切か(手続き作成フォーム④の見直し)，ほめていることが強化子となっているか(手続き作成フォーム⑤の見直し)，達成基準が高すぎることはないか（手続き作成フォーム⑥の見直し）というように，記録をもとにそれぞれの項目を見直していきます。そもそも計画通りに指導を一貫してできなかったという場合もあります。無理なく行える手続きとなっていなかった場合には，自分が実行可能な手続きに修正していくことが必要となるでしょう。

また，ターゲット行動に変化が見られた場合にもふり返りは大切になってきます。計画した手続きのどこが効果的であったのかを明確にしていきます。このことが，次の取り組みの有益な情報となり得ます。「こういう風にかかわると，こんなにうまく行動することができる」という「うまく子どもとかかわれる方法」は次の指導でも活かさない手はありません。できないことばかりに目を向ける，つまり指導のまずかった点ばかりに着目するのではなく，できたこと，つまり指導でうまくいった点を丁寧にふり返ることは，指導のやりがいにもかかわってくるのです。

これが，プチステップ⑮でも述べました「記録を取る意味・意義」になるのです。他の人への説明責任を果たせる，指導に対して責任を持つという証拠となるわけです。

1）指導に対して責任を持つ（本当に指導が効果があったのかどうかを証明する）
2）学校の場合は，校内で生じた事実に関する情報が開示できる

ワーク

自分の記録を見直してみましょう。指導の手続きは効果があったでしょうか？　もし効果が余り見られないとしたら，何を修正したら良いでしょうか？　以下のフォームにまとめを書いてみましょう。

記録を見ての判定表

記録を見ての判定：　　指導には（効果あり・効果なし）

「効果あり」だった場合，考えられる効果があった手続き：

「効果なし」だった場合，考えられる他の指導のアイデア：

プチステップ㉖　常にこれでいいのか考えながら指導しよう

ここまでで，指導の一連の手続きは一応終わりです。ここまでの道のりをまとめると，以下のようになります。

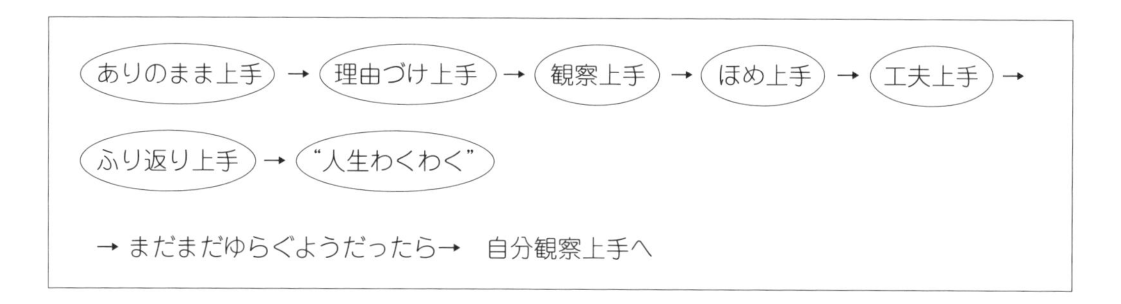

観察上手になって，ほめ上手になって，そして工夫上手になると，何より指導する側が楽しく，楽になります。そうすると子どもも楽しく学べます。うまくいったときに，「なぜうまくいったのか？」，うまくいかなかったときにも，「なぜうまくいかなかったのか？」をきちんとふり返ることで，さらに良いアイデアが生み出されていきます。このようなループが回り出すと，両者がかかわることが楽しい時間になります。これが，ABA を学んでいただく，一番のメリットです。

ABA にも，引いては人生にも失敗ということはありません。大事なことは，うまくいかなかった＝一見失敗に見える出来事，を「失敗」と決め付けず，常にその「意味」を考えて，ふり返る，ということなのです。

それでもまだご自身の中にゆらぎがある場合には，次のステップ7「自分観察上手への道」にお進みください。

このステップで実施したこと（チェックしてみましょう！）

- □ 指導を行いながら，記録を取り続ける
- □ 記録の読み取り方を理解する
- □ 常にこれでいいのかを考えながら指導する

ステップ 7

自分観察上手への道

このステップで実施すること

㉗ ゆらぐ自分のプロセスをありのままに観てみよう

プチステップ㉗ ゆらぐ自分のプロセスをありのままに観てみよう

おそらくわが子の，あるいは自分が担当している児童生徒の気になる行動で悩まれている親御さんや先生方は「子どもを何とかしよう」という気持ちでこの本も読まれていることと思います。そして内心落ち着かない気持ちでいらっしゃることでしょう。

ステップ7では，そのご自身の「揺らぐ気持ち」をある意味，「ありのままに観る」ということを実践するための部分です。子どもを何とかしよう，何とかしようとする焦る気持ちを認識していないままに子どもさんに関わるといわゆる「感情のままに」「成り行き任せで」叱ってしまったりすることが多々起こります。叱ってしまった後に「ああ，よくなかった……」と自己嫌悪になったりとさらに負のスパイラルに陥ってしまうことも珍しくないでしょう。

そんなときにそのような落ち着かない自分の気持ちを少し上から眺めるような気持ちで「観る」ということが「ゆらぐ自分のプロセスをありのまま観る」ということです。

親なんだから，教師なんだから，自分が揺らいではいけない，揺らぐ気持ちが起きるなんて許せない，という具合に考えるのではなく，揺らいでいる自分の心自体をまさに「ありのまま観る」ということです。

子どもさんのことに限らず，何かで自分の気持ちがゆらいだときには，「あ，今ゆらいでいるな……」とそのゆらぎを言葉にして心の中で構いませんので，つぶやいてみてください。

「あ，今，私，〜〜〜〜〜って感じている」

「あ，今，私，子どものことで怒りを感じている」

「あ，今，私，生徒のことでイライラしている」

そんな感じです。こうやって，自らの中で起きているプロセスをまずは自分が認識することで，その感情に振り回される確率が低くなります。

ワーク

揺らいでいる自分の気持ちを書いてみる

私の今の気持は

こういうワークは英語で「自分の感情をカッコに入れる」という意味で「ブランケッティング」と表現することもあります。自分の揺れる気持ちを「ブランケットに包みこむ」ようにして，そっと見てみましょう。

一歩，その揺れる感情から距離を置くだけで，感情に振り回された言動に走ることを避けられるようになってくるでしょう。

このステップで実施したこと（チェックしてみましょう！）

□　ゆらぐ自分のプロセスをありのままに観た

コラム

ペアトレにも「マインドフルネス」

アメリカでは近年，ペアレントトレーニング（ABA の原理を学んでわが子に対する指導実践を行うことを狙いとした保護者対象のグループレッスン）を行う際に，ABA の技法を習得することとマインドフルネスのストラテジーを学ぶことはペアレントトレーニングの異なる側面にそれぞれ有用であることが報告されています。

「マインドフルネス」の定義もさまざまありますが，ここでは「今ここにある状態にしっかり気づくこと」とシンプルに捉えておくとよいでしょう。この意味は，私たちが唯一手にすることができる時間は「今」という一瞬であり（過去も未来も触ることはできない），その「今」目の前で起きていることを主観を交えずしっかり認識する，ということになります。ややもすると私たちは，「今」を使って「過去のことをくよくよ考えたり」「未来のことをあれやこれやと心配したり」します。これは，今にいない状態というわけです。主観を交えて語る場合も同じです。言わば，「心ここにあらず」という状態です。

そういう意味では，「ありのまま客観的に観る」というのは，マインドフルネスに観察するということに他なりません。ちなみに，マインドフルネスを漢字で表すと「念」となり，「今」ここにある「心」ということがこの字にも表されていますね。

〈文献〉Jean E. Dumas (2005) Mindfulness-Based Parent Training: Strategies to Lessen the Grip of Automaticity in Families With Disruptive Children. Journal of Clinical Child and Adolescent Psychology, 34, 779-791.

第 2 部

応用行動分析学（ABA）の基礎の基礎

～機能に基づくモノの見方に慣れよう！～

第２部では応用行動分析学（ABA）とは何かについてそのエッセンスをお伝えしたいと思います。応用行動分析学の基本原理＝なぜ，その人（その子ども）はそのように振舞っているのか，つまりその行動[註)]が起きているのかを「科学的に読み解いていく」ということがABAの根幹です。

さらに「科学的」の意味は，「日常的な直観に頼らず，しっかり検証できる形で示した上で行動の理由を明確にする」ということです。

1. 日常的な直観に頼った，行動の理由づけ～循環論に陥りやすい～

第１部の指導のステップ２「行動の理由づけ上手」において解説したように，人は何の明確な根拠もなく，「～だから，問題行動を起こしている」「～だから，～している」という表現を使います。これは言わば，日常的直観に頼った根拠なき理由づけです。

日常的直観に頼った理由づけの例

- ✓ だらしがないから，靴のかかとを踏んでいる
- ✓ 怒りっぽいから，また怒鳴っている
- ✓ やさしい性格だから，他の人を助けている
- ✓ 几帳面な人だから，待ち合わせ時間より早く来ている

いずれも「どうして，この子（この人）はこんな行動を取るのだろう……」と悩んでいるときに，直観的に考えてしまう理由づけの例です。しかし，なぜその人が「だらしがない」「怒りっぽい」「やさしい性格」「几帳面」だとわかるのでしょうか。それは，その子どもやその人のさまざまな具体的な行動——靴のかかとを踏んでいる，怒鳴っている，他の人を助けているなど——を実際に観察しているからではないでしょうか。「靴のかかとを踏んでいる」のは「だらしがないから」と，一見説明になっているようで，実はこれは「かかとを踏んでいる」という実態を見て「だらしがない」とラベルづけしているだけなのです。「怒りっぽい」「やさしい性格」「几帳面」も同じです。実際の行動を見て，「ああ，○○な人なんだ」と無意識にラベルづけして，今度はそのラベルづけを行動の理由にしてしまっているだけなのです。

このような日常的直観に従った理由づけを「主観的な説明概念」と言います。その他の例も同じですね。「怒鳴っている」という実際の行動を何度も見ているから「怒りっぽい」とラベルづけする，「他の人を助ける」という以外にも「やさしい」に分類されるたくさんの行動をその人

註）行動には，先行事象によって引き起こされる，「レスポンデント行動」と，後続事象によって強化されることで維持している「オペラント行動」の二つがあります。本書では，単に「行動」という場合には「オペラント行動」の方を指しています。もっと詳しく知りたい方は，『応用行動分析学入門』（学苑社）などを参照してください。

がしているのを見て「やさしい性格」とラベルづけするわけです。このように理由づけすると，特にその行動が「問題だ」と感じている場合には，その問題を解決するために，次のような思考になるでしょう。

✓ だらしない性格を治さないと直らない
✓ 怒りっぽい性格を治さないと直らない

このようになると次には，どうやって「だらしない性格」をなくすのか？「怒りっぽい性格を治すのか？」ということになってしまいます。

最初に具体的な行動を観て「だらしない」と推測判断していたにもかかわらず，今度はそれを行動の理由にしている，こういうパターンを「循環論に陥っている」と表現します。ぐるぐる回って結局，解決の糸口が見つからない状態です（要するに「にわとりが先か，卵が先か」という因果の繰り返しに陥ってしまっているということです）。

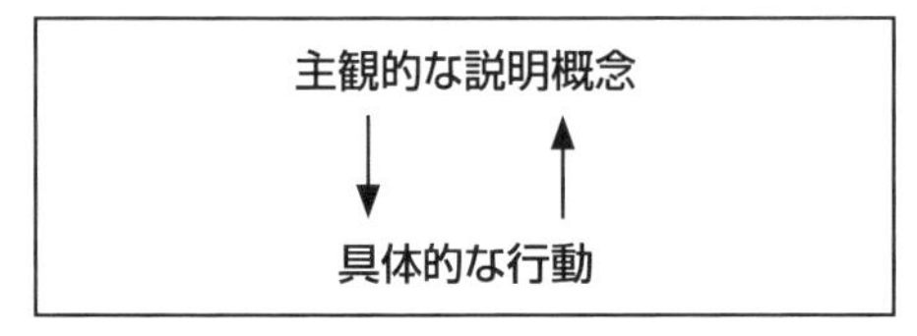

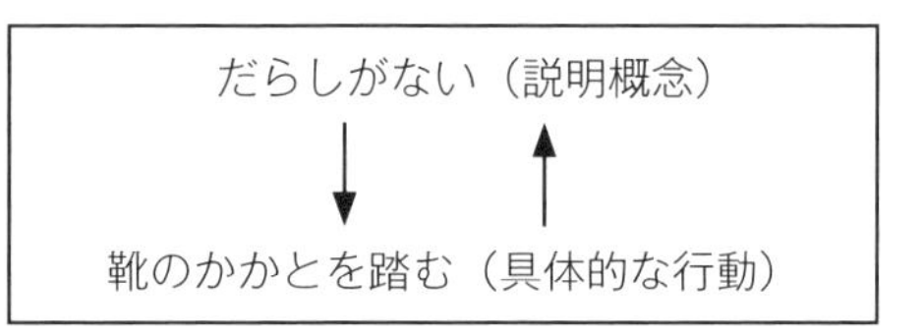

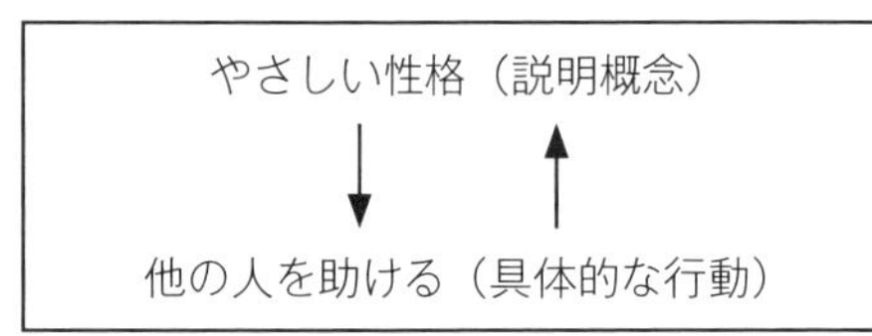

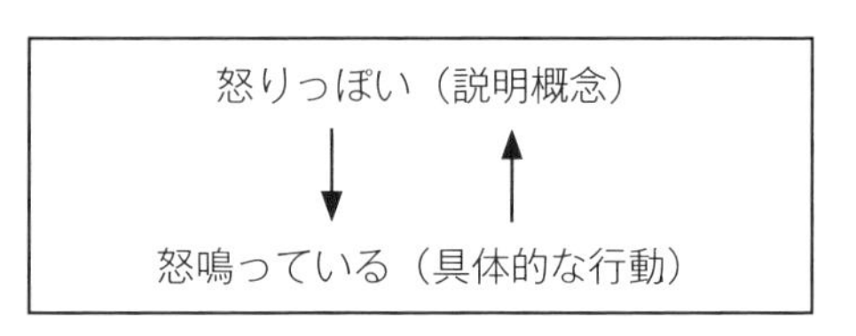

特に気になる行動という文脈では，「障害があるから，気になる行動を起こしている」という表現が聞かれることが少なくありません。

✓ 障害があるから，気になる行動を起こしている

もしこの理由づけが「真」であるとしたら，この子の気になる行動は障害をなくさないとなくならないという意味を含蓄していることになります。このことは多くの行動分析学の研究によって「真ではない」ことが証明されています。つまり障害のあるお子さんや大人の気になる行動は，行動分析学の枠組みで行動の理由を理解することによって，軽減していくことが示されているのです。

このように，私たちが普段何気なく行っている，日常的直観による「行動の理由づけ」はいかに危ういものか，かつ，実際の解決に結びつくものではないのかがおわかりいただけると思います。

ご自分がこれまでわが子や児童生徒の行動の起こっている理由をどのように考えていたか，第1部の指導のステップ2に沿ってもう一度見直してみるとよいでしょう。

2. 科学的に行動を観るために
〜ABCのフレームで行動をありのままに観る〜

日常的直観に頼らず，真の行動の理由を理解していくためには，行動分析学では「行動のABCのフレーム」という枠組みを使って行動を「ありのままに観察する」ことから始めます。言葉の通り「ありのまま」にです。「そんな簡単なこと？」と思われるかもしれませんが，これが案外難しいことは，一度でもしっかり行動観察を行ったことがある方にはよくおわかりになると思います。

ABCフレームの「A」はAntecedentの頭文字で「先行事象」，「B」はBehaviorの頭文字で「行動」，「C」はConsequenceの頭文字で「後続事象」を表し，これらを合わせて「ABCフレーム」と称しています。

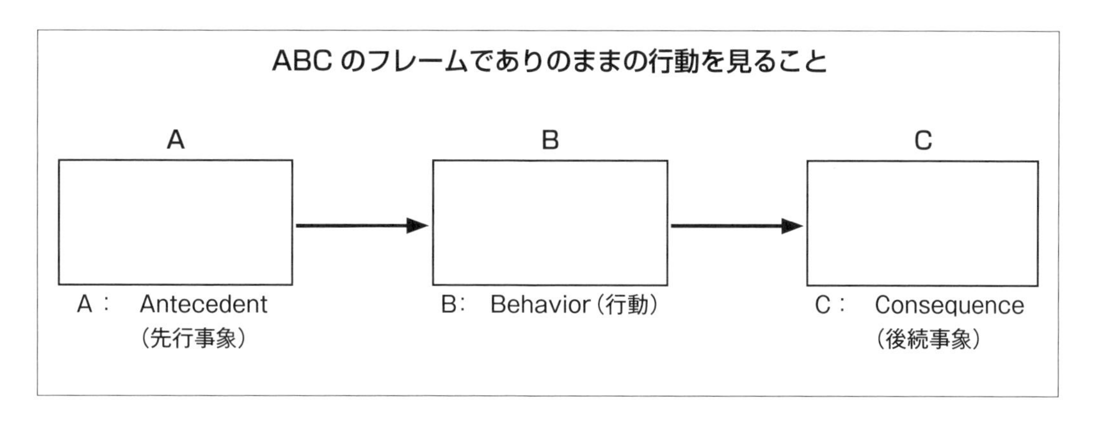

いきなり行動の理由（なぜその行動が起きているのか）に飛びつく前に，その行動の前後に起きている事象を客観的に観察するところから始めます。これは，科学の基本である，「誰が見ても同じように測定できる」ことを踏襲していることになります。

たとえば，長さの単位が揃っていることで，「誰が測定しても1メートルは1メートル」として扱うことができるのと同じことをするのです。

「B」の「行動」のところには，「具体的な行動」を書き入れます。この部分については指導のステップ1「ありのまま上手への道」のところに詳細がありますので，ここでは割愛します。

「A」と「C」のところにも，外から見てはっきりとわかることだけを書き，その行動をしている子どもや人の感情（イライラしている，ストレスが溜まっている）については言及しないようにします。他の人の感情というのは，結局は推測に過ぎないからです。ABCフレームでは「推測した情報」は書き込まないことがポイントです。

行動を具体的に記述すると，次のような尺度で測定することができるようになります。
逆に言えば，抽象的，推測が入った「行動を表現しているつもりの主観的な表現」ではこのような測定はできないことになります。

行動を測定するときの物差し（再掲）

1. 生起の有無（行動が起きたか，起きななかったか）
2. 回数（何回できたか）
3. 比率（一定時間の中で何回できたか）
4. 持続時間（何分，継続したか）
5. 潜時（行動を始めるきっかけを示してから，実際に行動を開始するまでの時間）
6. 状況（行動の直前，直後の状況，具体的にはいつ，誰と一緒のとき，どこで，その行動が起きたか，行動が起きた後にどうなったかなど）

ワーク

目の前で起こっていることを ABC フレームで観察してみよう！

どんな行動でもよいので，まずはご自分の目の前で繰り広げられている誰かの行動を具体的に ABC フレームで記述してみてください。行動は，①観察可能，②再現可能な表現になっているでしょうか？ 「A」と「C」のところには外から見てはっきりわかる事象が書かれているでしょうか？

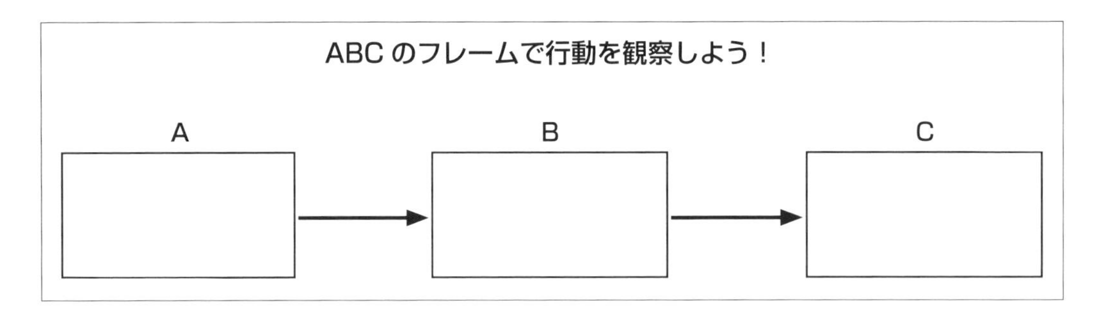

今，目の前に起きている行動の方が，ABC フレームで書きやすいかもしれません。主観的な表現が入り込みやすいのは，「記憶に頼って」ABC フレームに書き込むときです。「あのとき，あの子はこういう状態だったな……，だからあの行動をとっているのでは……？」という考えに陥ると，特に「A」と「C」のところに主観的な表現が入り込みやすくなります。

まずはその場で何が起きているのかを「ありのままに観る」ところからスタートしてみてください！

3. 行動はその直後に起きている事象によって，続いて起こったり起こらなくなったりする～基本の原理～

ABC フレームを使って，ある行動「B」の前「A」と後「C」に，どのような事象が起きていたか，まずはありのままに観察できたならば，次にはそれを元に，「A」と「C」がその行動にどのように影響しているのか，を細かく見ていきます。

答えを先にお伝えすると，ある行動「B」が続いて起きている場合，逆に起きなくなる場合の両方に，「C」（後続事象）が関与しているのです。

■強化の原理

ある行動を起こしたときに，その行動に引き続き起きていた出来事（＝後続事象）によりその行動がその後もっと起きるようになる（起きる頻度が上がる）原理のこと。

コラム

なぜ人は行動の理由を行動の「前に起きた事象」に求めるのでしょう？

自分自身を振り返ってみても，行動分析学を学ぶ前には，確かに行動の理由をその行動の起きた前に探すという習慣があったと思います。日常的な会話では，行動の理由はほとんどその「前に起きた」事象に求められています。例えば，「イライラしていたから大声を出した」，「ストレスが溜まっていたから，他の人を叩いた」などです。これはなぜなのでしょうか？　私たちが自分の身体を使って操作する物理的な世界では，理由があって，結果が来るという因果の順番が守られています。壁を叩く→音がするという場合，「音がする」の理由は「壁を叩く」です。蛇口をひねる→水が出るも同じです。このように物理的な世界の因果の関係を，それが正しいかどうかもわからないままに行動の理由づけにも当てはめているのではないでしょうか。

日常的な直観に頼った理由づけ，言い換えれば，根拠の明確ではない（しかし，最らしく聞こえる）理由づけ，他にもないか常に気を付けていないといけないかもしれません。

逆に，行動が余り起きなくなる場合もあります。

■弱化の原理
ある行動を起こしたときに，その行動に引き続き起きていた出来事（＝後続事象）によりその行動がその後起きにくくなる（起きる頻度が下がる）原理のこと。

ある一つの行動に着目すれば，その行動は増えるか維持するか（強化の原理），減っていくか（弱化の原理）のどれかの経過を辿るわけです。次にこれらの原理について解説をしていきます。

ワーク

自分の行動について思い出してみましょう。
ABC フレームで考えるとどうなるでしょうか？

①今もよく行っている行動（例：同じ銘柄の缶コーヒーを買うなど）〈強化の例〉

②今では行わなくなった行動（例：ある道を通ったら犬に吠えられて，その後その道を通らなくなったなど）〈弱化の例〉

4. 行動が増えたり，維持したりする原理～強化の原理～

先に挙げた行動の原理は，気になる行動だけに適用されるのでも，子どもや障害のある人だけに適用されるのでもなく，生物個体の行動すべてに見られる原理です。

子どもの気になる行動から少し離れて，身近な例で考えてみましょう。歩いていたら自動販売機を見かけたので，これまでに買ったことがない銘柄の缶コーヒーを買ったとしましょう。その缶コーヒーが想定外に「おいしく」，今後，繰り返しこの缶コーヒーを買うようになったとしたら，缶コーヒーを買う（飲む）行動が強化された，と表現します。

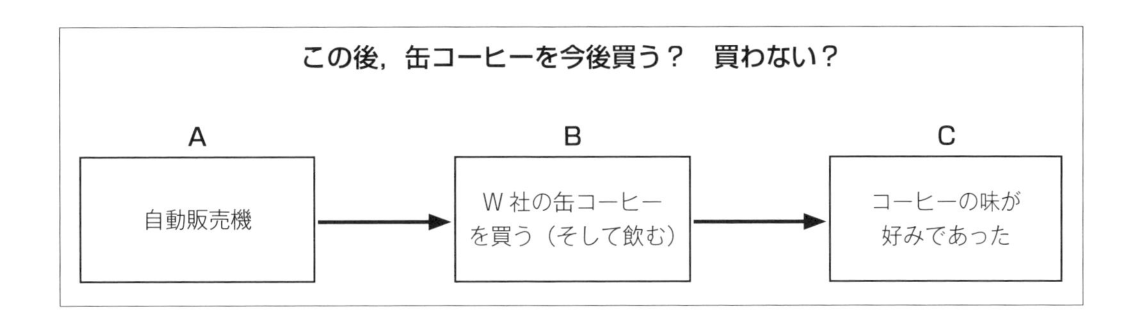

あるいは，初めて同時に知り合った複数の人に対して，頻繁に連絡を取り合うようになる人と，まったく取らない人という具合に付き合いに濃淡が出てくることは，誰もが経験したことがあるでしょう。それはなぜなのでしょう？ そういう場合，「○○さんは気が合うから連絡する」と表現するかもしれません。しかし，その「気が合う」とは結局，相手に話しかけた後の相手の反応が自分にとって良い（＝自分にとって効果がある，つまり機能している）ということではないでしょうか。たとえば，学生時代の友人で，今でも「自分から」連絡を取る人というのはどんな人か思い出してみてください。連絡を取るという行動が維持しているということは，相手の反応が自分にとって何らかの良いこと（楽しいなどと表現されることが多いでしょう）であるはずです。

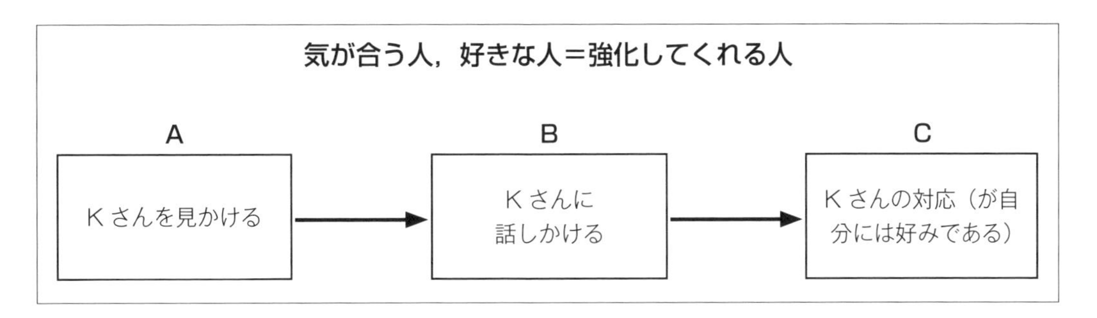

以上は行動の後に何かがプラスされ（何かが得られ），そのときに嬉しいとか良かったという感情を伴う場合の強化の例でした。一方，行動している本人にとってはむしろ不愉快なこと，おもしろくないと感じることであるにもかかわらず，繰り返し同じ行動をしてしまうという場合もあります。そして，実は，こちらの場合でも「強化の原理」でその行動が説明できます。大事なことは，「嬉しいこと」＝強化ではない，ということです。その個人の主観と強化の原理は一致しないことがあるということを覚えておいてください。

次は学校でよくみられる例ですが，気になる行動を先生が注意してもまったくなくならないという場合の ABC フレームです。

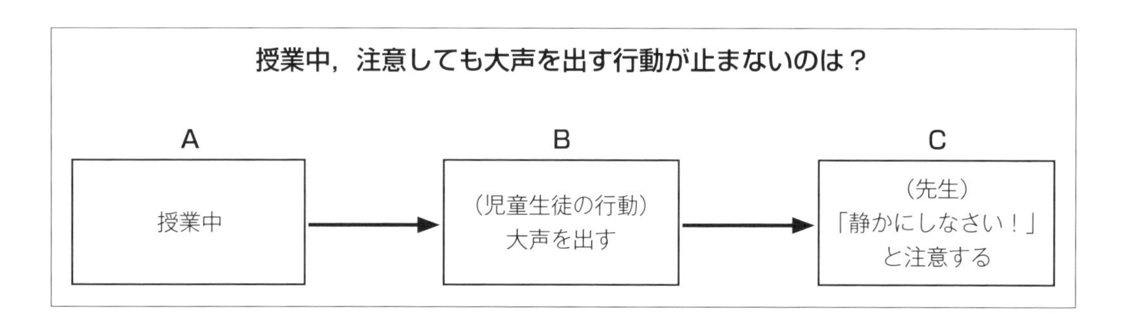

何度，先生が「静かにしなさい」と注意しても，気になる行動が止まらない場合，少し冷静に見直してみると，この「静かにしなさい！」という注意はその児童生徒の行動を変えるという点で機能していると言えるでしょうか？もはや機能しているとは言えない状態ですね。

このような場合，「先生の注意する行動」が児童生徒にとっては「先生の注目」がプラスされている可能性があります。言い換えれば，気になる行動を行うと先生の注目が得られるということです。しかし，そのことを児童生徒自身が意識して行っているかどうかは関係ありません。（ここも大事なポイントです。児童生徒，わが子が「注目を得ようとして気になる行動を起こしている」と考えるのは，正しい理解ではないので，注意が必要です）。

類似の状況は家庭でも起きていることが多々あります。親御さんが注意しても気になる行動がなくならないという例です。

こういう事例がありました。子どもさんに何かをしなさいとお母さんが言うと何でも「ヤダ」と言い，「どうして，私の言うことを聞いてくれないのでしょう？」というご相談でした。ここまでの知識で皆さんは何と解説されますか？

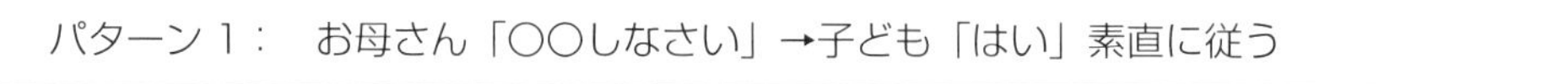

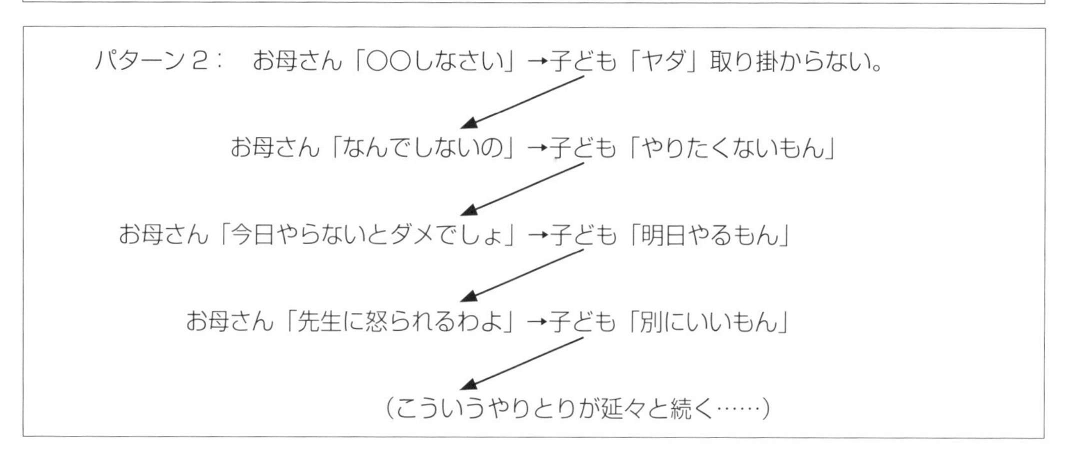

「はい」と素直に従ったときと,「ヤダ」と言ったときのありがちなパターンを今,「ありのままに」記述してみました。これだけを見て，何に気づかれるでしょうか。「ヤダ」と言った方がお母さんはながーく，自分と関わってくれているのですね。そのことを子どもが自覚しているかどうかは「問わない」のです。実際に長いやりとりが起きている，その事実から読み解くのです。

この「ヤダ」に始まる一連の子どもの行動がお母さんの注目が得られることで続いているのであれば，どうすれば良いのか，次に指導のステップを考えることになるのです。これも，その場で何が起きているか「ありのままに観察する」ことから見えてくるのです。単に「なんで，この子は私が何か言うと“ヤダ”って言うの？，嫌がらせをしているの？！」という直観的な解釈では良くないやりとりが続いていくだけということは容易に推測できますね。

別の例をみてみましょう。ある子どもがおもちゃ売り場に来たときに,わーと泣き出しました。お母さんは慌てておもちゃを一つ買い与えました。それにより，子どもは泣き止みました。この後，この子どもがおもちゃ売り場に来る度に大泣きするようになれば，おもちゃを買い与えたことが「泣く」という行動を強化したということになります。

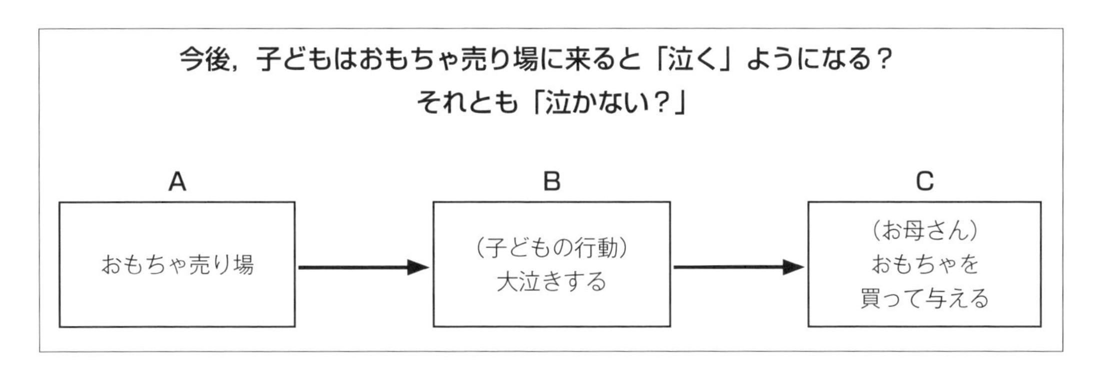

この同じ例を今度はお母さんの側から見てみると,お母さんが「おもちゃを買う」という行動は,子どもが「泣く」というきっかけ（A）によって引き起こされ，おもちゃを買った結果，子どもが泣きやむ，つまりお母さんにとって「泣く」ことがマイナスされるということで，今後，子どもが泣くとお母さんは子どもにおもちゃを買ってしまう確率が高くなる,ということになります。

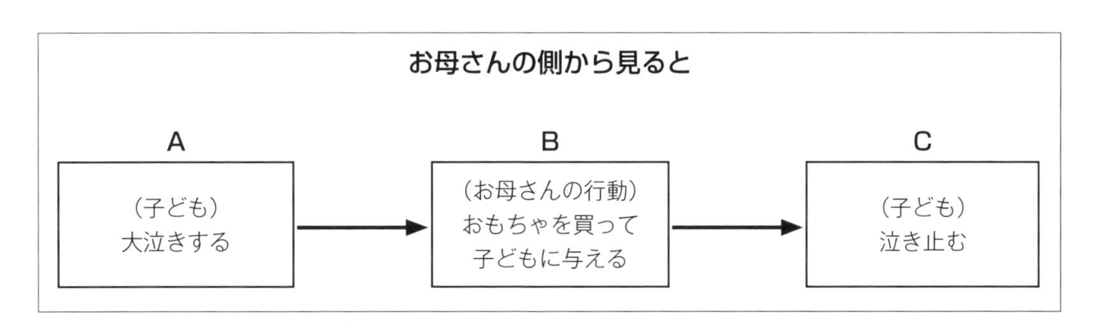

この子どもの行動，お母さんの行動の例をよく見てみると，子どもの行動（泣く）はお母さんの行動（おもちゃを買う）によって，強化され，お母さんの行動（おもちゃを買って子どもに与える）は子どもの行動（泣き止む）によって強化されているということがわかります。つまり，お互いの利害が一致することによって，子どもが泣く行動，お母さんがおもちゃを買うという行動はそれぞれ維持されてしまっているということがわかります。

このお互いが得をしている，つまり強化されているという状態をABCフレームで示すと以下のようになります。これは先の二つのABCフレームを並べてみたものです。お母さんの行動が子どもにとっては「後続事象」に子どもの行動がお母さんにとっては「先行事象」になっているのがわかります。これが相互に「得をする」つまり「利害が一致している」という具体的な関係性なのです。

ここで大事なのは，それぞれが「得をしている」という自覚があるかどうかは問題ではなくABCフレームで分析してみると，それぞれが何らかの形で強化されているということがミソということになります。つまり，自覚していなくても，強化されていれば，ある行動は継続して起こるということなのです。

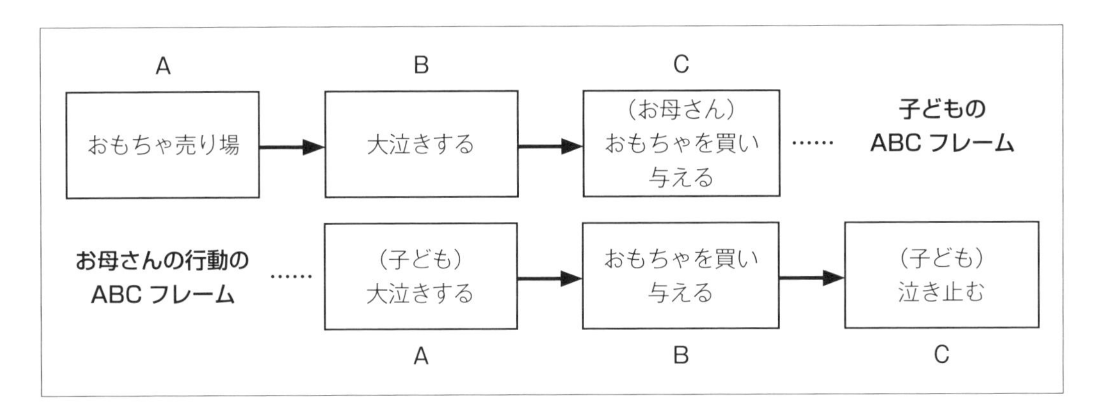

このようにある行動が継続して起こっているというときには，行動に引き続き起こっている後続事象によって「強化」されているということになります。そして，強化されているときには，以下の二つのパターンがあることがおわかりいただけると思います。

1）何かが得られていることで，行動が強化されている場合：正の強化（上記の例で言えば，子どもの場合，おもちゃが手に入っている）

2）何かがなくなっていることで，行動が強化されている場合：負の強化（上記の例では，お母さんの場合で，子どもの大泣きがなくなっている）

具体的にこの二つのパターンの強化の原理の例を ABC フレームで示すと以下のようになります。気になる行動であれ，適切な行動であれ，続いて起こっているということは何らかの後続事象によって強化されているからと考えることができます。

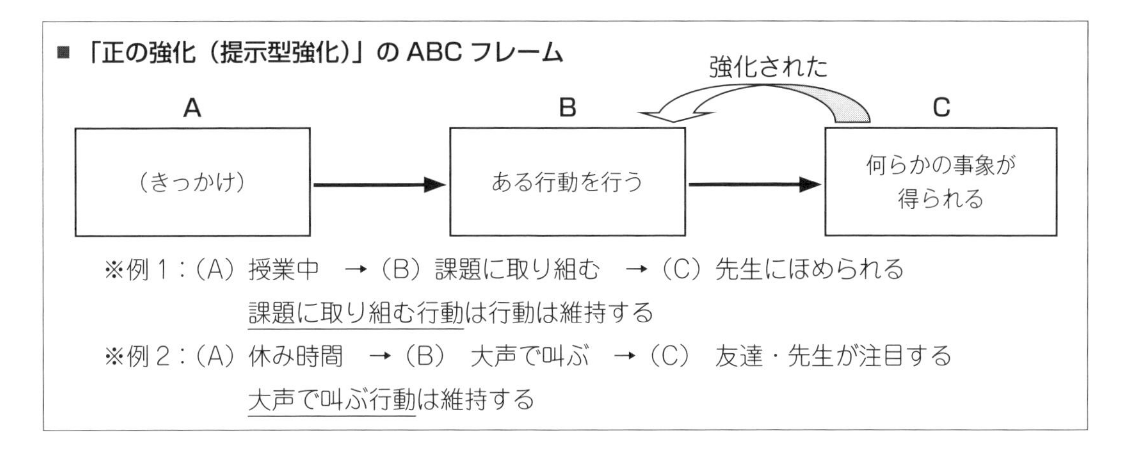

行動した直後に，何かを得ていることで，その行動が増えたり，継続して起こったりしている場合です。得ている何かのことを「正の強化子」といいます。この行動には，気になる行動・適切な行動のどちらもあります。

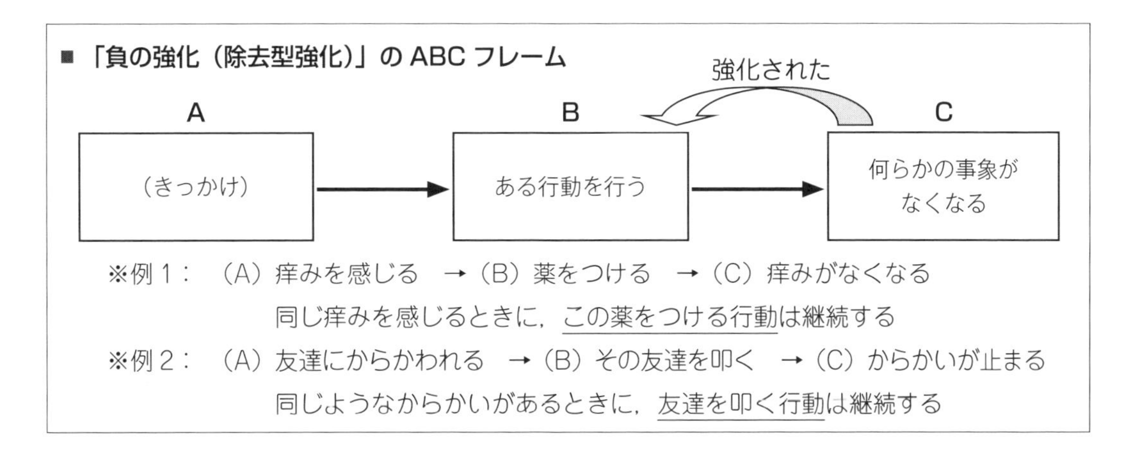

行動した直後に，何かが取り除かれていることで，その行動が増えたり，継続して起こったりしている場合です。取り除かれている何かのことを「負の強化子」といいます。「負の強化子」は「嫌悪的な刺激」であることが多いです。この行動には，気になる行動・適切な行動のどちらもあります。

行動の後続事象，つまり ABC フレームの「C」のところにはさまざまな事象が入ります。行動を維持している後続事象に関する全体像を示したものが，次ページの図です。

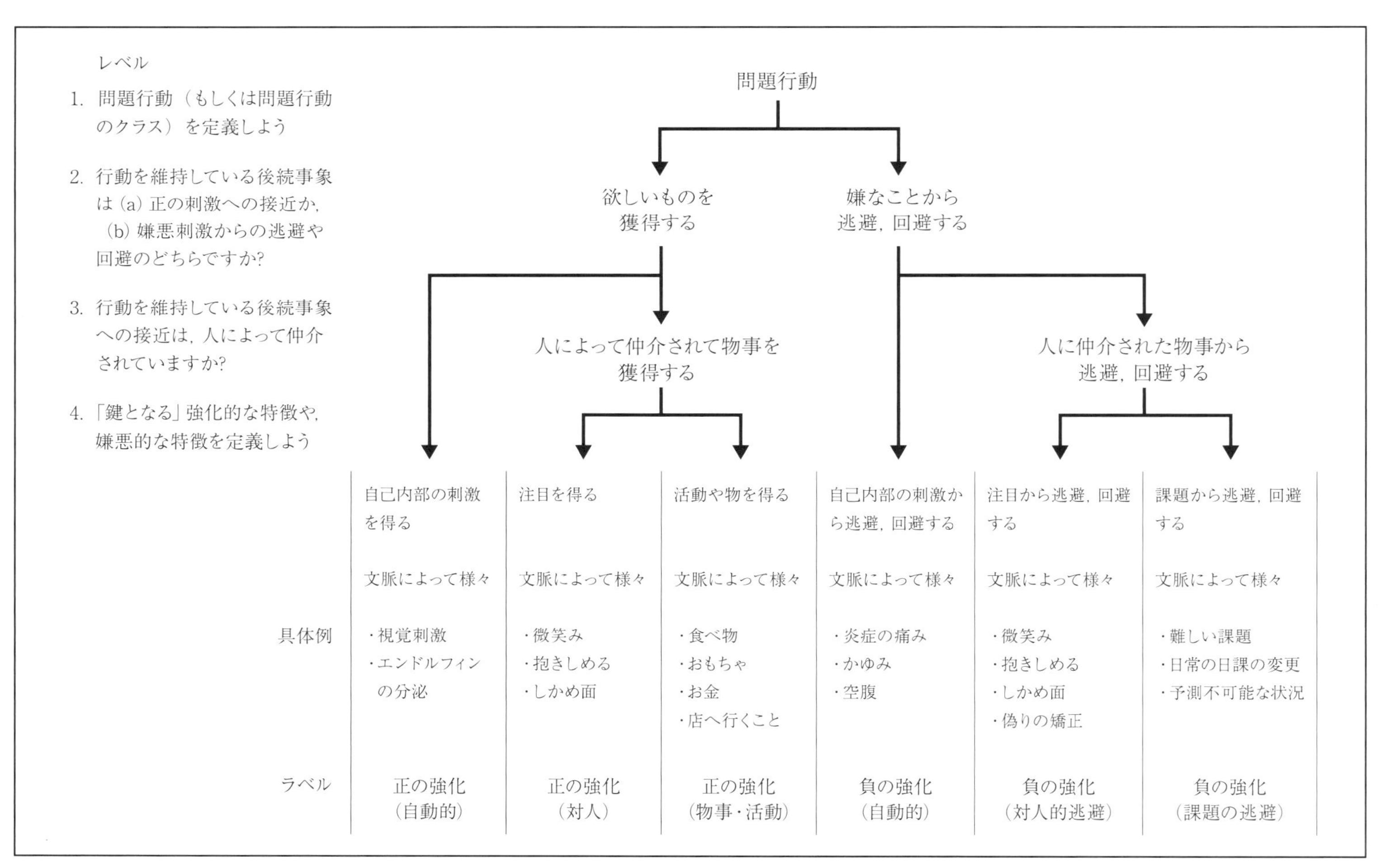

図　気になる行動を維持している後続事象

（出典：「子どもの視点でポジティブに考える問題行動解決支援ハンドブック」p. 55）

この図では「問題行動」となっていますが，実はこれは「行動すべて」がこの後続事象があるからこそ，行動が「機能する」ことで継続して起こっているのです。

「強化の原理」については，ステップ2のプチステップ⑩（40〜43ページ）でも解説してありますので，そちらもまたご参照ください。

ワーク

自分の行動を ABC フレームで見直してみよう！

自分の行動で気になること，あるいは適切な行動を ABC のフレームで見直してみましょう。何が行動を維持する要因（後続事象）になっているでしょうか？　108 ページの図を見て後続事象を探してみましょう。他の人と見比べて話し合ってみましょう。

気になる行動：

適切な行動：

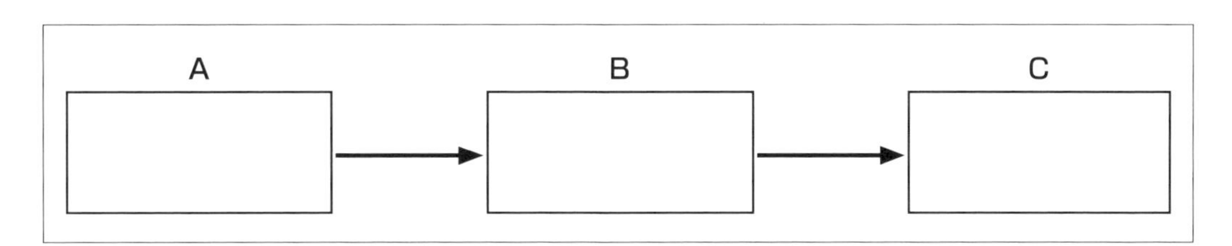

気になる行動の例：
- タバコを吸う
- 子どもを怒鳴る
- 食べ過ぎる（買いすぎる）

適切な行動の例：
- 体操を行う
- 子どもをほめる
- 家計簿をつける

※どうしてこういう行動がずっと起こっているのだろう？
何によって強化されているのだろう？

ここで強化の原理のポイントを整理してみます。

強化の原理のポイント

- 何らかの行動が「継続して」起こっているときには，その行動は強化されている
- その際に，行動は，「後続事象」によって「強化されている」という
- 後続事象には，「何かが得られている」場合（例：子どもがおもちゃを買ってもらえる）と「何かがなくなっている」場合（例：お母さんにとって，子どもが泣き止む）がある
- 毎回，強化されなくても行動は維持する（強化スケジュール→プチステップ⑰）

行動は後続事象があって続いて起こっている，このことをイメージしやすくしたものが下図です。行動は後続事象というお水をもらってどんどん育つようになるというイメージです。

行動は機能しているもの
（後続事象）があって，続いている

■「強化の原理」を指導に活用する際のヒント

①行動を増やしたい場合：

強化の原理を有効に使おう⇒ターゲット行動が機能するように，後続事象を調整する必要があります。

②行動を減らしたい場合：

気になる行動の場合，現在頻繁に起きて困っているわけですから，その気になる行動は何らか機能していると推測できます。気になる行動を減らしたい場合には，気になる行動を起こしても何も起きなくなる，つまり機能しなくなるようにするということが指導の手立てとして考えられるわけです。先のお水をもらっているイメージ図で考えれば，行動の後に，後続事象というお水はもう来なくなるという感じです。行動の後に何も起きなくなれば，行動は枯れていく，つまり

起こらなくなっていくということです。これは，後述する「消去の原理」となります。さらに，後述する「弱化の原理」によっても行動は減っていきます。

③「気になる行動を減らそうとすることは，適切な行動を増やすことである」

気になる行動に目を奪われていると，それを減らすことだけに躍起になってしまいがちです。ここで少しわが子の，あるいは児童生徒さんの行動を離れてみてみると，結局，「気になる行動を減らした後に，つまり気になる行動の代わりに何をするのか」が大事なポイントになります。

右は，子どもの24時間を図示したものです。約８時間程度は睡眠に費やしているとすると，残りの16時間のうち，その子は何時間適切な行動に従事しているでしょうか。

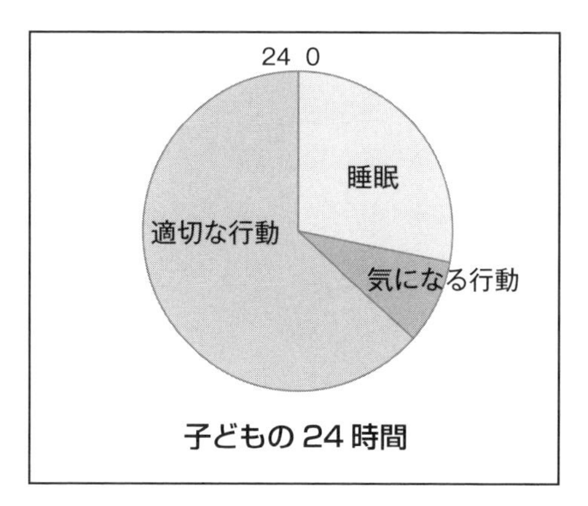

子どもの24時間

同じように，何時間気になる行動に従事しているでしょうか。

このように全体像としてみてみると，気になる行動を減らすということは，つまりは適切な行動を増やすことに他ならないということが一目瞭然です。この視点で捉え直していくことが大切です。

気になる行動に対応するときの鍵となる考え方はアメリカのこの領域では第一人者の研究者も以下のように述べています。

> **問題行動を効果的に減少させる鍵は，新しい行動を効果的に指導することである**
>
> The key to effective reduction of problem behaviors is effective instruction of new behaviors. （O'Neil ほか , 2015, p.85 ;「子どもの視点でポジティブに考える問題行動解決支援ハンドブック」p.180）

5. 行動が減る原理～弱化の原理～

強化の原理は行動が増えたり維持したりする原理でした。その反対，その後行動が減ったときには，「弱化」と言います。こちらも何かが得られたときにその後の行動が減る場合，何かがなくなった場合にその後の行動が減る場合の二つがあり，それぞれ正の弱化，負の弱化と言います。

正の弱化とは行動した直後に，何かが提示される，与えられることで，その行動が減少する場合です。得ている何かのことは「正の弱化子」と言います。「正の弱化子」は「嫌悪的な刺激」であることが多いです。この行動には気になる行動も適切な行動もあります。

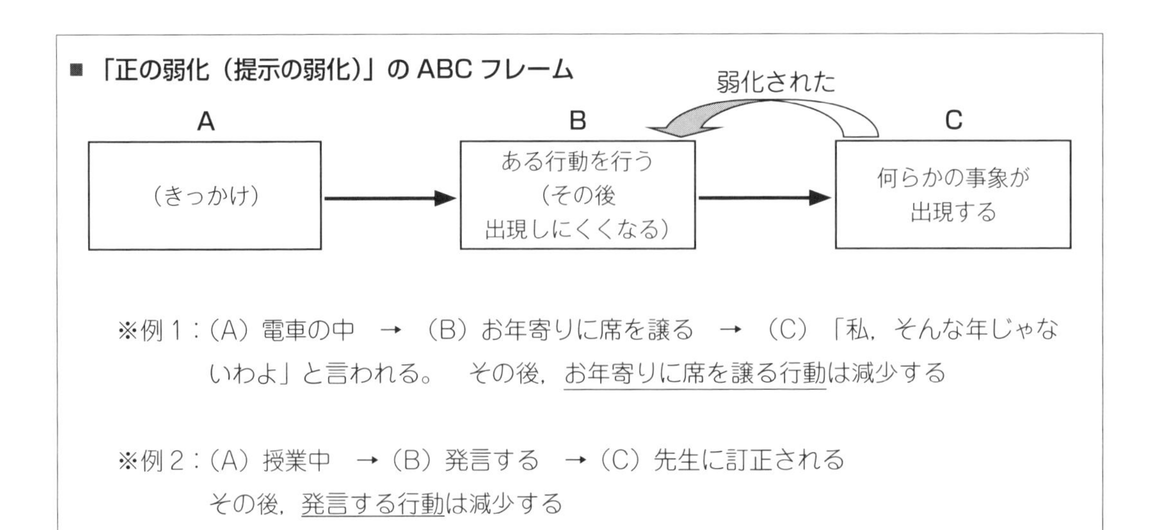

負の弱化とは，行動した直後に，何かが取り除かれていることで，その行動が減少している場合です。なくなっている何かは「負の弱化子」です。この行動には気になる行動も適切な行動もあります。

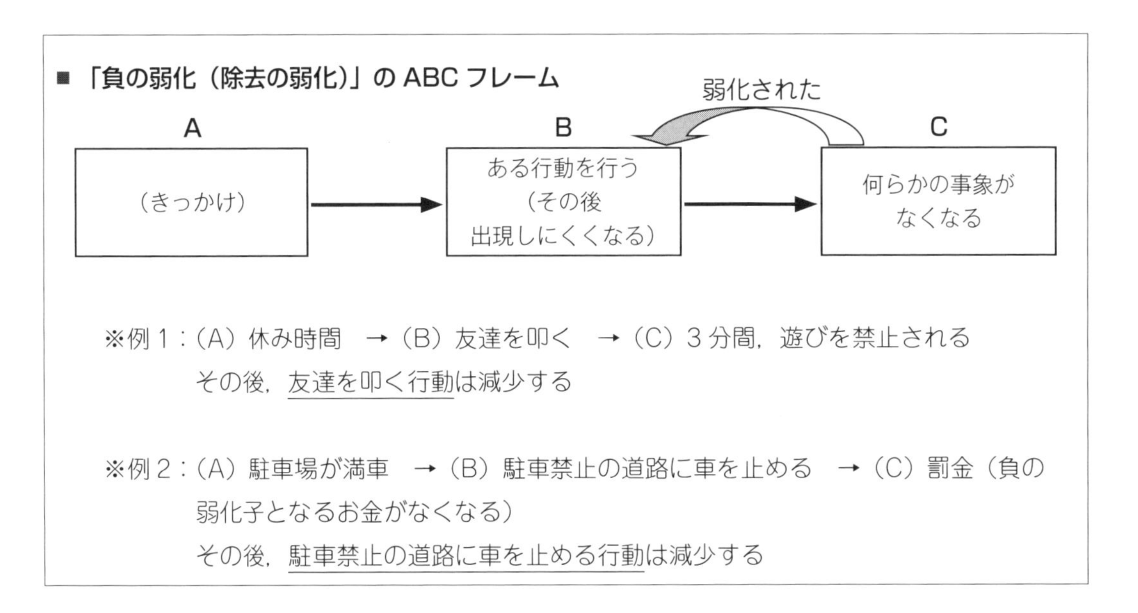

家庭や学校で親御さん，先生方が何気に行っている「注意する」という行動は，「正の弱化」の原理を念頭に置いたものと言えます（そう考えて使っているのではない場合もあるでしょう）。なぜ，「注意する」行動は大人の多くが使うのでしょうか。これもまた，ABC フレームで考えることができます。

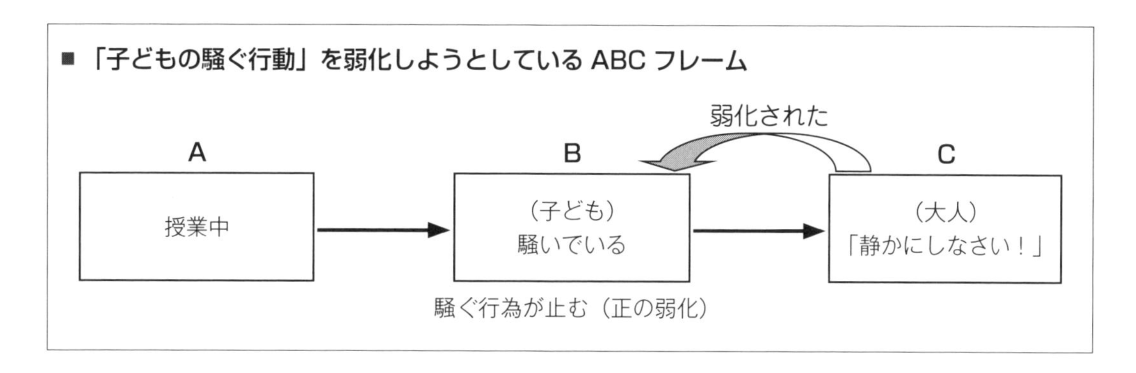

大人が注意すると，子ども（あるいは同僚や家族といった大人の場合もあります）の気になる行動がなくなることが過去にたくさんあったはずなのです。たとえば，教室で児童生徒が騒いでいて先生が「静かにしなさい！」と言った瞬間に「シーン」となる，などはその例です。

先生が注意する行動を続けて行うのは，それが機能しているからです。これを示した ABC フレームが次のものです。

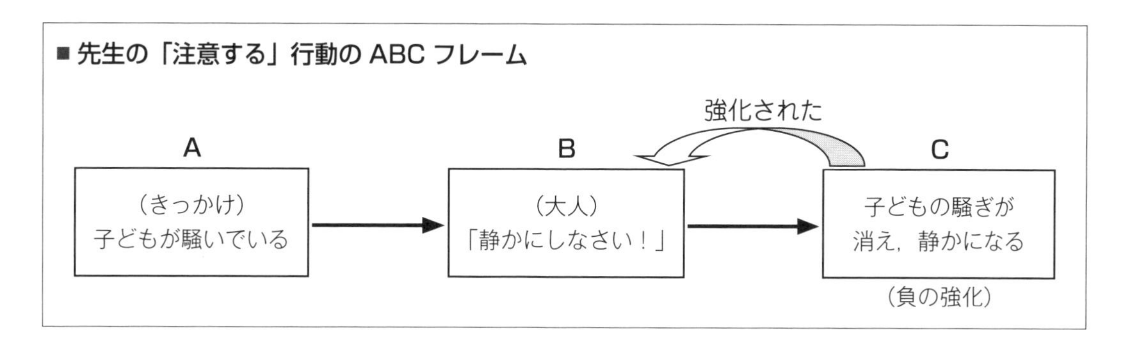

このように「注意行動の」「直後に」「シーンとなる」という「即時の反応が得られる」とこの先生の「静かにしなさい！」という「注意行動」はかなり強化され，その後も継続してこの「静かにしなさい！」という発話が出現するようになるのです。

コラム

法律は「正の弱化」の原理の明文化

私たちの社会の法律による罰則というのは，まさにこの弱化の原理をルールとして明示したもので，それによって社会的に不適切と共通理解されている行動を起こさせないようにするものです。

■ 強化の原理と弱化の原理の整理表

強化の原理と弱化の原理を表でまとめて整理してみました。行動の直後に何かが得られる場合（正，プラス），何かが取り除かれる場合（負，マイナス），その後その行動が増える場合（強化），減る場合（弱化）という２×２のマトリックスで示すことができます。

強化と弱化の整理表

		行動の直後に起きた事象（C）	
		何かがプラス（正）	何かがマイナス（負）
その後の行動の起こり具合（B）	増えた	正の強化	負の強化
	減った	正の弱化	負の弱化

この整理表，至ってシンプルなものなのですが，いざ実際に指導にとりかかろうとするときに多くの方が犯してしまいがちな過ちが「私は今，子どもの行動を強化しているはずだから，行動は増えるはずだ」という思い込みです。行動が増えたときに「強化」となるのであり，いくら強化しているつもりでも行動が増えなければ，強化にはなっていないということです。

コラム

ポジティブ行動支援（PBS）の考え方

ABA を基に学校，家庭，さらには地域社会で，気になる行動が起きてから対応するのではなく，予防的に対応するシステム，言い換えれば適切な行動をより多く行えるようなシステムを構築していこうという取り組みがアメリカのオレゴン大学を中心に 1990 年代からスタートしています。予防的であること，積極的に適切な行動に着目しているという意味合いを込めて「ポジティブ行動支援（positive behavior support）」，あるいは「PBS」と省略して呼ばれています。

個々の行動へのアプローチに留まらず，学校全体，地域全体，家庭内で，児童生徒の，地域の人々の，我が子の適切な行動を強化の原理を応用して増やすことでより良い学習環境，家庭環境，地域環境をシステムとして構築しようとしています。

日本においても，2016 年度から「日本ポジティブ行動支援ネットワーク」を応用行動分析学の研究者・実践家が中心となって設立し，PBS を日本でも実践してもらえるよう活動を進めています。

■「弱化の原理」を指導に活用する際の注意～大人の行動の見直しに使う～

現在,「ポジティブ行動支援」(Positive Behavior Support) の考え方が教育界においても広まりつつあり, この基本的な考え方は, 適切な行動を増やすことで気になる行動を減らしていこうというものです。気になる行動を減らそうとするために, 弱化の原理を積極的に使うことについては, 極力避ける立場を取っています。それは, 弱化の原理を使うことはさまざまな副作用ももたらすことがわかっているからです。

たとえば, 先の教室で騒ぐ例のように一瞬シーンと静かになっても, また騒ぎ出し, 今度その騒がしさを収めるには前回よりもっと大きな声で注意しなければ効かなくなるといった現象が見られます。こういうことを繰り返していると先生の方がどんどん声を荒げていくような状況になってしまいます。学級崩壊の始まりはこのようなところではないかと考えられます。

その他にも, 弱化の原理を用いる大人に対して怒りや不安を抱く, その他の大人の前では気になる行動を示す, 自分より弱い立場の人に対して攻撃するなどが挙げられます (日本行動分析学会では「体罰」に反対する声明を掲げています)。

弱化の原理を直接応用することはなるべく避け, むしろ親や教師としての自分のかかわりが「強化を狙ったものなのか」「弱化を狙ったものなのか」(前者が「ほめる」と言われる行動に対応し, 後者が「注意する, 叱る」に対応します) を認識しながら行為することの方に意味があるでしょう。

子どもに対する自分のかかわりが「ネガティブなもの, つまり子どもの行動の弱化を狙ったもの」が多いようであれば, どうすればポジティブなもの, つまり子どもの適切な行動の強化を狙ったものに変えていけるのか, 再考する必要があるでしょう。

ワーク

自分の言葉かけを一日ありのままに観察してみよう。
子どもを注意する行動, ほめる行動, どちらが多いでしょうか?

---

6. 強化されていた行動が強化されなくなったとき～消去の原理～

続けて起きている行動は強化されている, つまり行動の後に何か後続事象が起きている (プラスの場合, マイナスの場合両方あります) ということでした。もしその後続事象が起きなくなったらどうなるのでしょうか。このような事態になると, その行動は「消去」, つまり起きなくなっていきます。これを「消去の原理」と言います。5. の「弱化の原理」は, どちらかと言えば, 行動の直後に起きた事象によって早いタイミングで行動が起こらなくなっていくというものでした。「消去の原理」は, それまで続いて起こっていた行動が, 機能しなくなる, つまり後続事象で何も起こらなくなることで，徐々に行動も起こらなくなっていくプロセスのことを指します。ただし，そのように後続事象に変化が見られても，すぐに行動が起こらなくなるのではなく，消去を開始した直後やしばらくして行動が激しくなる現象が起きることもわかっています。これには，正の強化によって維持されている行動が消去される場合と，負の強化によって維持されている行動が消去される場合の二つがあります。

■「正の強化（提示型強化）で維持されている行動が消去される場合」の ABC フレーム

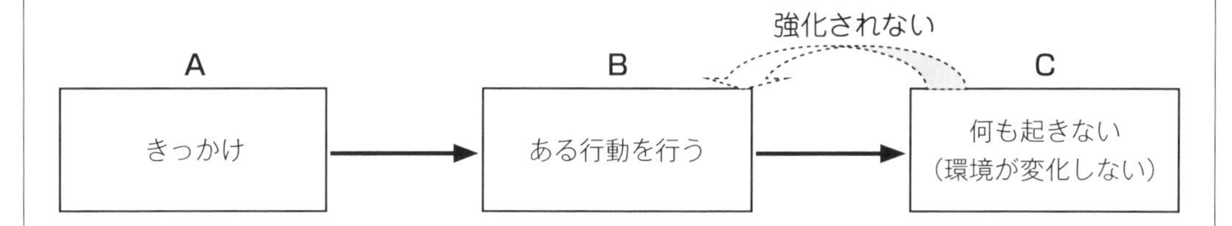

※例１：（A） 授業中（先生からの注目なし） →（B）課題に取り組む→（C）先生からのコメントがなかった（注目なし）
課題に取り組む行動は消去する（減少する）

※例２：（A）休み時間 →（B）大声で叫ぶ→（C） 休み時間に何も起きない（環境に変化がない）
大声で叫ぶ行動は消去する（減少する）

行動した直後に，何かが得られた，与えられていた場合に，その提示がなくなる，つまり何も起きなくなることで，その行動が減少する場合です。この行動には気になる行動も適切な行動もあります。

■「負の強化（除去型強化）で維持されている行動が消去される場合」の ABC フレーム

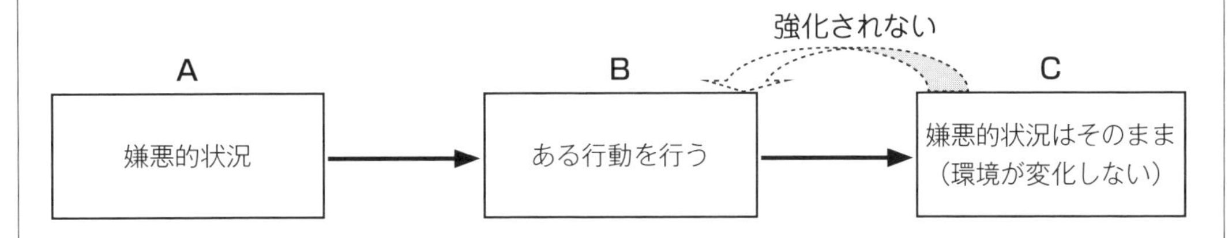

※例 1：（A）痒みがある　→（B）XXX という薬を付ける　→（C）痒みはそのまま
XXX という薬をつける行動は消去する（減少する）

※例 2：（A）友達にからかわれる　→（B）　その友達を叩く　→（C）　友達にからかわれる（からかいは止まない）
友達を叩く行動は消去する（減少する）

行動した直後に，何かがなくなる，取り除かれていた場合に，なくならない，つまり何も起きなくなることで，その行動が減少する場合です。この行動には気になる行動も適切な行動もあります。

■「消去の原理」を指導に活用する際のヒント

少し ABA を勉強した方が「気になる行動は無視すればいい」と表現されるのをよく聞きます。これは，正確には「注目を得ることで維持されている気になる行動には，その注目を与えないことで，気になる行動が機能しなくなる」ということなのです。注目以外の機能である場合も同じように，機能をしなくなることが気になる行動を「消去する」ということになります。

消去の原理の根幹は，「行動しても環境が何も変わらない，つまり先行事象が変わらず同じままであることで，その行動が機能しなくなり，結果，行動が起こりにくくなる」ということを覚えておきましょう。

単に「無視する」というのは，機能をそれこそ無視した，単なるハウツーに陥った考え方です。ハウツー的にかかわると，注目以外の機能で維持されている気になる行動をいくら「無視」しても気になる行動はなくなりません。そして「なんだ，無視してもダメじゃないか，ABA は使えない」という安易な結論に至る可能性が大です。こういう場合も「無視しても減らない，ということは，気になる行動の機能を見直そう，別の方法を考えよう」と考えることができるようになれば，ABA 的な考え方が身に付いてきた，つまり機能で物事を見る，行動を見ることができるようになったと言えるでしょう。

ワーク

弱化の原理と消去の原理の違いを ABC フレームで説明してみましょう。

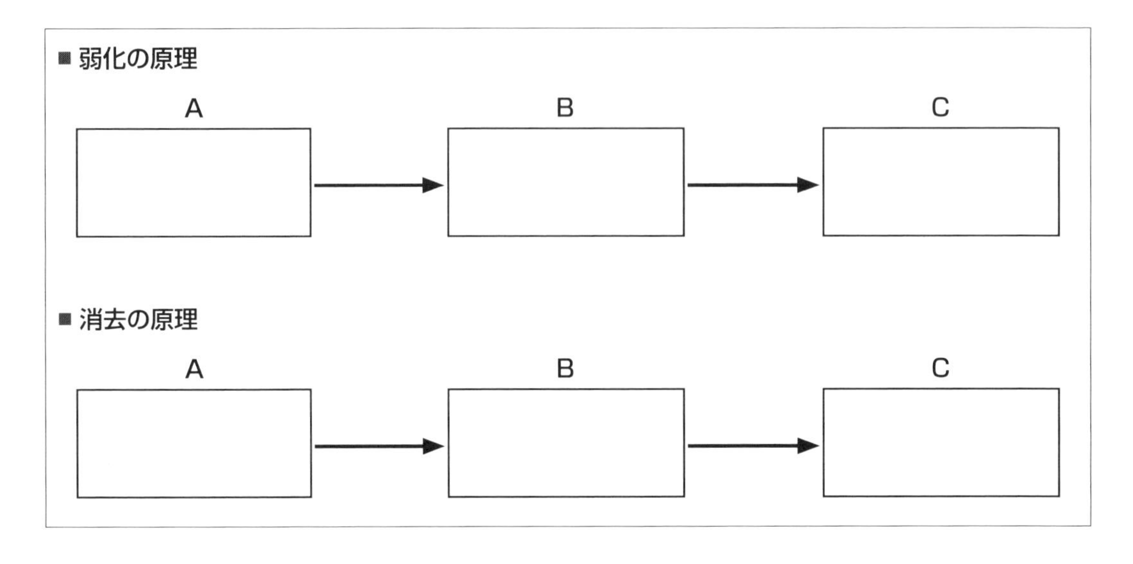

7. 先行事象「A」の役割～インストラクションは「A」～

ここまで，行動「B」に及ぼす後続事象「C」の関係性――それを行動の機能と言うのですが――について，強化，弱化，消去というさまざまな影響の仕方があることをお伝えしてきました。そろそろ「それで，先行事象「A」は，行動とどう関係があるの？」「先行事象が行動を引き起こしているように見えるけど」という疑問が出てくるのではないかと思います。一言で先行事象「A」のポイントを述べるとすれば，「適切な行動が出やすくするために先行事象「A」をうまく整えよう」ということになります。

先行事象の工夫は，子育てや教育の場面で意識するしないに関わらず，親御さん，先生が日々行っていることになります。

たとえば，次のような例を見ればよくわかるでしょう。同じ児童に対して，ある先生の指示と別の先生の指示が違うために，子どもはうまく行動できたりできなかったりするという場合です。同じ子どもであるにもかかわらず，先生によって「気になる行動が多い生徒」とラベルづけされたり，「きちんと取り組んでいる生徒」と認められたりしていたら，むしろ「教師のかかわり方の違い」をその子が示していると思ってそれぞれの先生の授業の進め方を見てみるとよいでしょう。

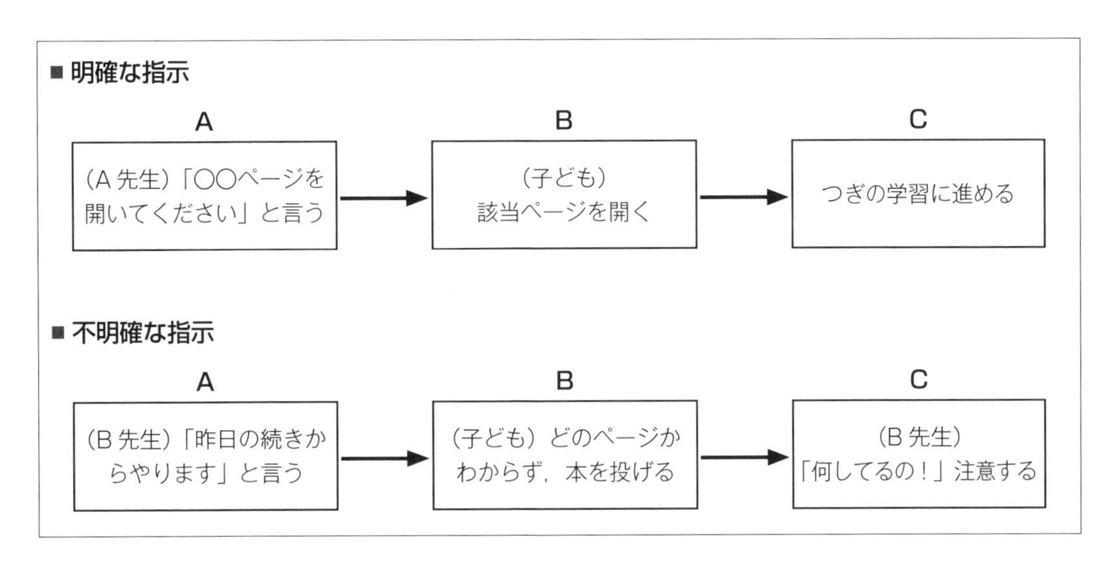

同じことは，家庭でも起きています。「うちの子は，父親の言うことは良く聞くけれど，母親の私の言うことは聞かない」というのは，子どもに対する両親のかかわり方の違いによると言えるでしょう。

日常生活においても，さまざまな先行事象の工夫があります。たとえば，イラストは電車の中のシーンです。以前は，ドアの横の椅子の隣はパイプのみでした。最近はプラスチック製のボードが付けられていることが多いです。これはなぜでしょうか。

こういう場面を見かけたら，ABC フレームで整理してみるとすっきりと理解できます。ガードがない状態のときには，座っている乗客に立っている乗客がぶつかるという行動が出現しやすくなります。そうなるとそれがトラブルに発展することもあるでしょう。一方，ガードがある場合は物理的に乗客同士はぶつかりようがありませんから，お互いに快適に過ごせる（トラブルなし）という状態を作り出せます。

「ぶつからないように気をつけてください」とアナウンスするだけでは，やはりぶつかることを完全に防ぐことはできません。

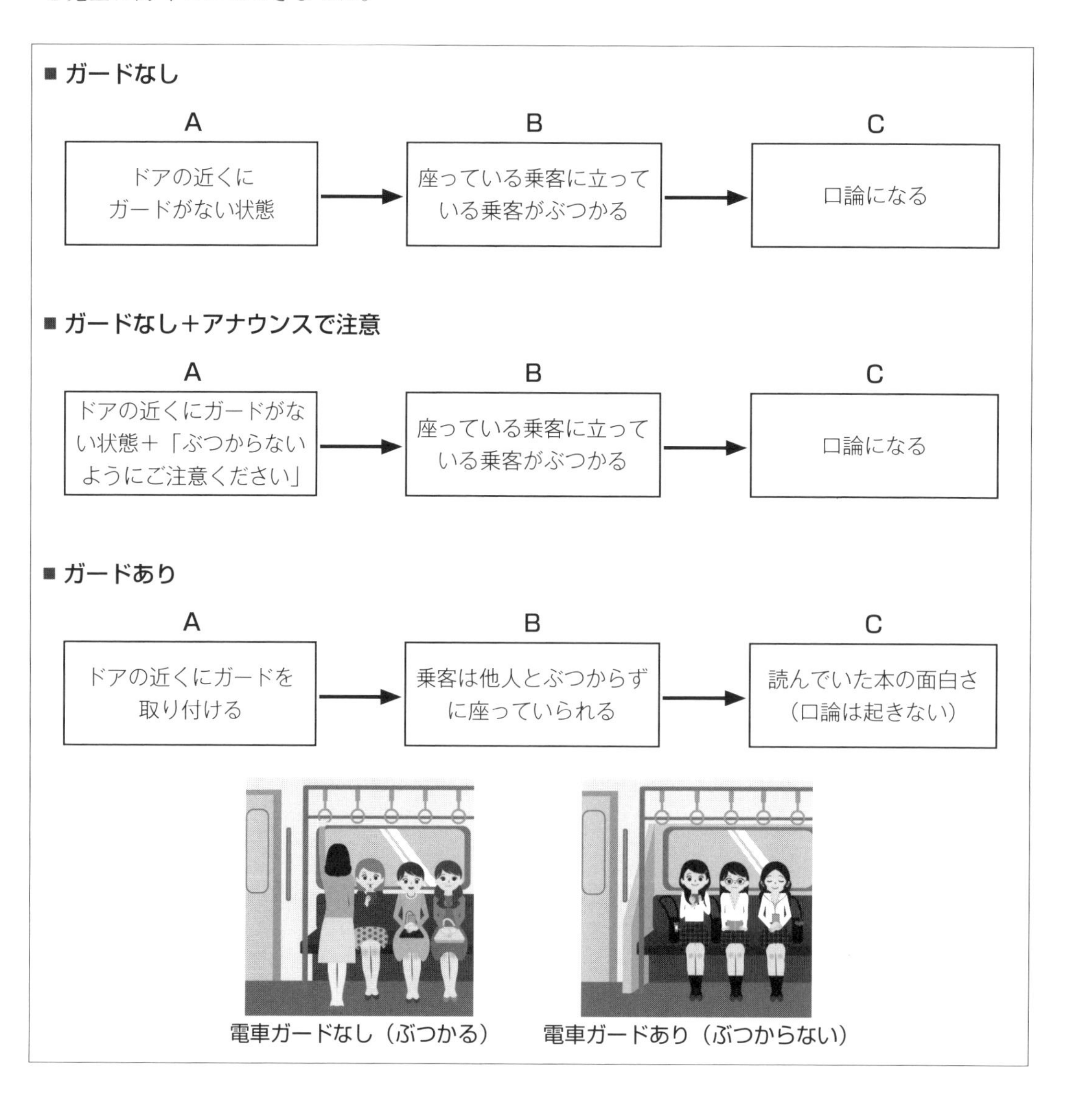
■ ガードなし
A
ドアの近くに
ガードがない状態
B
座っている乗客に立って
いる乗客がぶつかる
C
口論になる
■ ガードなし＋アナウンスで注意
A
ドアの近くにガードがない状態＋「ぶつからないようにご注意ください」
B
座っている乗客に立って
いる乗客がぶつかる
C
口論になる
■ ガードあり
A
ドアの近くにガードを
取り付ける
B
乗客は他人とぶつからず
に座っていられる
C
読んでいた本の面白さ
（口論は起きない）

電車ガードなし（ぶつかる）　電車ガードあり（ぶつからない）

次は，トイレなどのスリッパが揃えられていない場合の対応の仕方の例です。スリッパの形をした印を床につけただけで，そろえる行動が増えました。

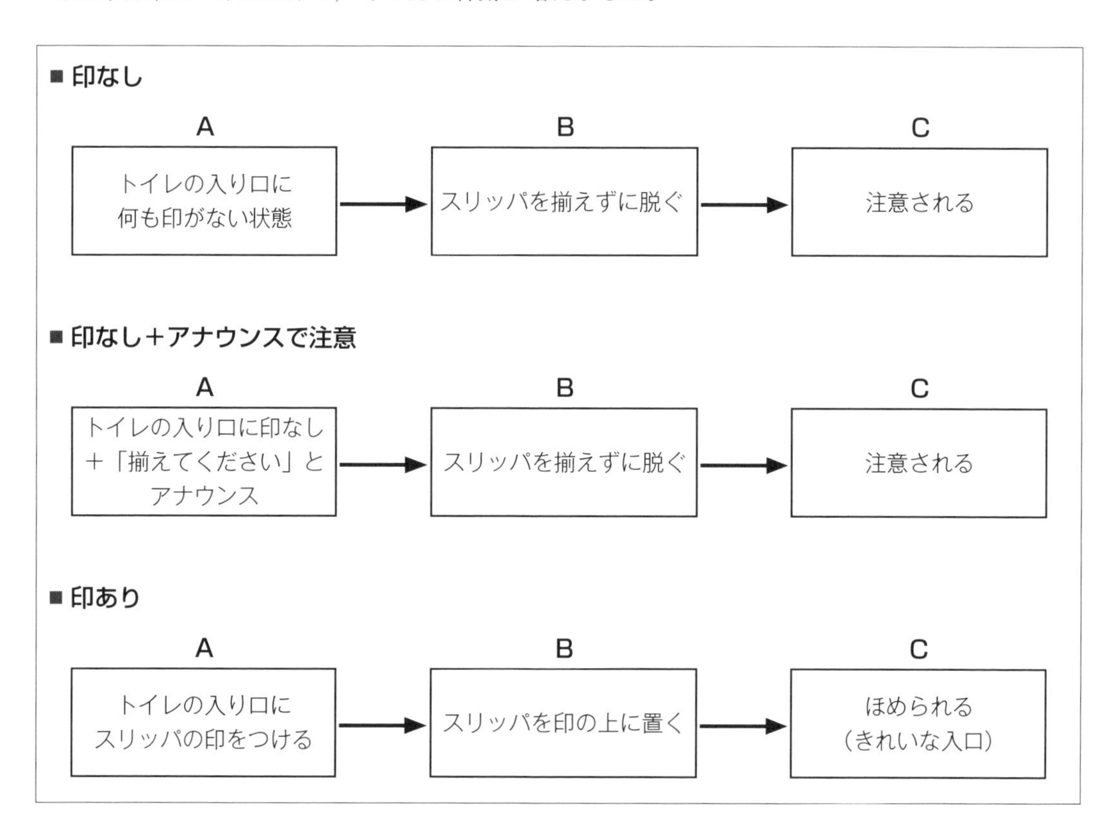

先行事象を工夫するということは，次の２点に集約されるでしょう。

適切な行動が起きやすい工夫を上手にすること
かつ，気になる行動が起きにくい工夫を上手にすること

これが先行事象（A）のポイントで，子育てや教育ではここの部分についての解説書はたくさん出版されています。ハウツー本の中で「～すれば」「子どもは～する」という書き方になっていれば，「先行事象の工夫の話だな」と ABC フレームで見てみてください。自ずと，大切なことは子どもが期待通りの行動をしたときに「C」の部分でしっかり大人が認めることだ，ということも見えてくるはずです。

8. 応用行動分析学（ABA）の真髄〜機能に基づくモノの見方〜

ここまでで，行動が何によって強化されているのか，維持されているのかを見抜くために，ABC フレームを使って行動を見るということをお伝えしてきました。この ABC フレームで行動を見るということは，すなわち，「行動の機能」を理解するということになります。

「機能を理解する」ことの対極にあるのが形式的な見方――ハウツー的な見方――です。たとえば，気になる行動を理解しようとするときに，形式的な見方では，「この子は障害があるから，障害が重いから，言葉がないから，気になる行動を起こしているのだ」と気になる行動を障害という，いわば「ラベル」と結びつけて解釈してしまう見方です。障害のない場合においても，「ああいう行動をするのは，もともとそういう性格だから」と解釈してしまうことは多々あります。

指導の面においても，子育て･教育の領域ではたくさんの「ハウツー本」が出版されています。「〜したらよい」という類のものです。「ほめましょう」も最近のトレンドですね。これは，むやみやたらにほめればよいのではなく「いつ，どのようなタイミングで，どの行動に対してどのような具体的な言葉かけや態度でほめるのか」ということまで考えて行わなければなりませんし，さらに「ほめたのに，ちっとも言うこと聞いてくれない」ということならば，その「ほめ」は機能していないということに気づけるかどうかが上手く「ほめる」ということを使いこなせるかどうかの分かれ目なのです。

このように「行動の機能」を見極める――子どもの気になる行動であれ，適切な行動であれ，親や教師としての自分の声かけであれ――というのが，応用行動分析学的なモノの見方の根幹なのです。繰り返しになりますが，「気になる行動が起きている，それは機能しているからだ，その機能は何だろうか？　周りの注目だろうか？　課題からの回避だろうか？」，さらに「それに代わる適切な行動は何があるだろうか？　適切な行動を増やすためにどのような先行事象の工夫があるだろうか？　強化の仕方はどうしたらよいだろうか？」という具合に考えていけるようになれば，もう機能に基づく考え方が身についたと言えるでしょう。

さらに具体的に考えていく際に，「ABC フレーム」が有効になるわけです。気になる行動を見て（「B」の部分），その前後に何が起きているのかもさらに見極める。「C」＝後続事象は何か，すなわち，気になる行動を維持している要因（＝それが機能と言われるもの）を徹底的に探求していこうとします。さらに，どのような状況のときにその行動が起きやすいのか，というのが「A」先行事象になります。

一見，そんなこと簡単だ，と思われるかもしれませんが，実は，形式的なものの見方での表現は枚挙に暇がありません。たとえば以下のような表現は形式的なものの見方の代表例です。

「あ，あの人があんなことするのは，〇〇大学だからだね」

「あ，あの人の行動って〇〇県人だからかな」

確かに，同じ集団に属する人たちにある種の共通的な行動パターンはあるかもしれません。しかし，本人の行動をしっかりと見ないうちから，このような外的なラベルづけで人の行動を理解するというのは無意識の内に私たちの誰もが日々行っていることです。

本当に物事の本質を見抜くためには，「機能に基づくモノの見方」をすることが必須となります。そのためには「行動と，行動の前後に起きている事象をありのままに観る」こと，それを基に行動を理解する，すなわち，その行動がどんな後続事象によって強化されているのか，あるいは先行事象によって引き起こされているのかを見抜くということが必要です。

「ありのままの観察」を抜きにして，主観的な思い込みで行動の理由づけをしている限り，真の解決策には辿り着けません。行動に影響を及ぼしている先行事象と後続事象がわかれば，その二つをうまく変えることで，行動を変えることができるというわけです。つまり，相手の行動を変えるためには「自分の行動を変える」ことからスタートするということなのです。そして，これまで見てきたように相手にとっての先行事象と後続事象は「自分の行動」であることが往々にしてあります。

応用行動分析学（ABA）の真髄「機能的にものを見ること」

機能的に行動を見るとは？
＝行動の先行事象と後続事象に着目する
＝何のためにその行動を行なっているのか

その見方のフレームが「ABC」フレーム

このように行動の機能に着目することで，子どもが起こしている行動（特に気になる行動の場合）を最初から子どもの性格や障害のせいに帰することがなくなります。行動は先のおもちゃ売り場の例のように，周囲の環境（周りの人の対応も含めた）によって形作られているということが理解できると，子どもの行動を直接的に変えようとする「前に」，周囲の環境を変えよう（自分の対応も含めて）という姿勢になります。

この「まず子どもを変えようとしない，周囲の環境を変えようとする」という姿勢は応用行動分析学（ABA）が他の療法と大きく一線を画するところでもあり，最も子どもを尊重した考え方だとも言えます。そして，最も大事なことは「気になる行動を減らすことにやっきになる」のではなく，「その子の適切な行動を増やす」方にこそ力を注ぐことなのです。

わが子の，あるいは担当の児童生徒さんの良いところばかりが見えてくるようになったときに，おそらく「あれ？　そういえば，この子の気になる行動で振り回されていたことがあったっけ？」と笑って振り返ることができるようになっていらっしゃると思います。

コラム

ハウツーからの脱却

世の中には様々なジャンルで「ハウツー本」がたくさん出版されています。子育て中の親御さん向け，学校の先生向けはもとより，会社の上司向け（部下の褒め方，育て方など）など枚挙に暇がありません。なぜこれだけハウツー本が何冊も何冊も出版されるのでしょうか。やり方，行動の仕方は「型」として目に見えやすく，例えば「子どもは褒めて育てましょう」などと表現することができます。しかし，本書で伝えようとしている「行動の機能」は，その「褒める」が言われた相手にどのように伝わったのかという相手との関係性で決まります。褒めても相手の行動が増えなければ，その褒めるは機能していません。機能は，単独の行動だけを見てもわからず，対象となる人や物との「関係性」からしか読み解くことができないのです。そして，この関係性は「型」としては，目に見えません。行動と後続事象の関係性をしっかりと見ることでしかわからないのです。目に見えないものに目を光らせる，機能に着目するということはそういう意味なのです。

第 3 部

ABA の原理をもとにした指導の実際

～リアル追体験してみよう！～

1. 実際の指導場面から

第1部では，ABA の基礎知識を使っての具体的な指導ステップについて，第2部では応用行動分析学の基礎について解説しました。第3部では，実際に保護者が作成し実践した指導プログラムと先生が作成し実践した指導プログラム，保護者と先生が協働した実践についてご紹介していきます。特に論文や書籍では解説が少ない「ターゲット行動の決め方」「指導の手続きフォームの作成の仕方」という部分を中心にお伝えしていきます。

2. 具体的なケース集

1）保護者が作成した指導プログラム

ここでご紹介する保護者の事例は，筆者らが実際に親御さん方と行った「ABA を学ぶことを目的としたペアレント・トレーニング」からの例です。ペアレントトレーニングの概要，そこでの話し合いの基本的な流れ・ルールは以下の通りでした。

■ ペアレントトレーニングの基本的な流れ

1）親御さんが各自でターゲット行動を絞り込むフォームに「気になる行動」を記入して，ペアレント・トレーニングの場に持ってくる。

2）そのシートを参加者全員で共有し，どの行動をターゲットにすればよいかの絞込みをグループ全体で話し合う。その際，1つずつの行動について，親御さん，子ども，それぞれの実行可能性，意味・意義について考える。

3）絞り込みを行った後，気になる行動が起きている状況をさらに細かく整理していきながらターゲット行動を具体化する。

4）それまで整理した情報をもとに，記録用紙，指導の手続き作成フォームに記入する。

5）話し合いの場のファシリテーターは ABA の専門家（筆者ら）が行う。本文中では「専門家ファシリテーター」とした。

■ グループでの話し合いのルール

1）出された意見は尊重する。否定，批判，非難をしない。

2）他の参加者の子どもさんのターゲット行動を決めるときにも，皆で考えてそのプロセスそのものも学びの機会とする。

3）決定したことに対しては，参加者全員で尊重する。

複数の保護者が集うペアレントトレーニングと専門家の関係は下図に示した通りです。ややもすると，専門家対保護者（左図）になりがちなところを上記のようなルールを予め設定し皆で共有し，専門家はできるだけ保護者同士の相互作用を促進するファシリテーターの役目を取るようにしました（右図）。

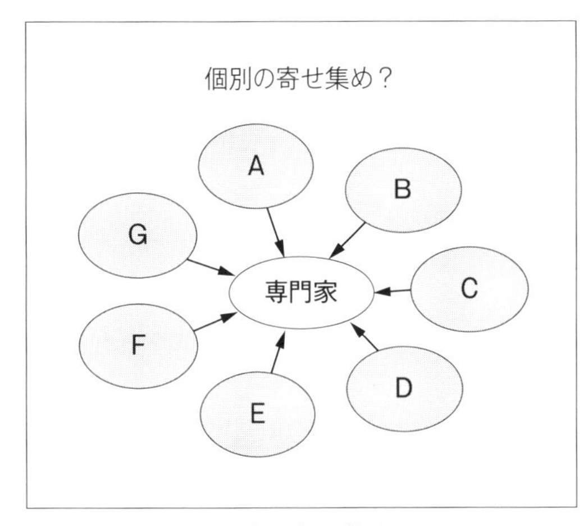

個別指導の寄せ集めの図

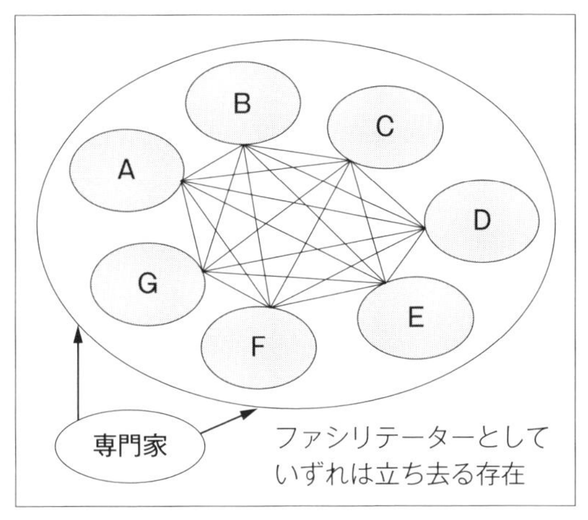

学びと実験の場＝ワークショップ

コ ラ ム

ファシリテーションとは？！

ファシリテーションとは，「促進する」「容易にする」“Facilitate”の名詞形です。教育の現場でもここ数年，会議などで「ファシリテーター，お願いします」という言葉が聞かれるようになっています。ファシリテーターはファシリテーションを行う人のことですが，単なる「司会」以上に会議などがどのように進行しているのかというプロセスをよく見て，その場をゴールに向かうようにマネジメントしていきます。ファシリテーションは，会議のみならず，授業や研修会，ワークショップといった複数の人々が集って何かをしようとする場を意味あるものにするための「場づくりの技術」と言えます。その場に集っている人々の力を出し合って，相互作用が活発になるように様々なスキルを駆使することです。〈参考：「ファシリテーター行動指南書」（ナカニシヤ出版）〉

エピソード１：　ある程度自分でできる行動をターゲットにしたケース

■ 選ばれたターゲット行動

「大型スーパーなどの広い場所で，お母さんに自分の行きたい場所を事前に言うことができる」

選択のポイント

初めて指導に取り組む際，できる限り早期に成果を出すことは指導する側に大きな自信を持たせてくれるものですし，次の指導を行う動機づけにもなります。その際，ターゲット行動として取り上げるのは，指導する側がとても不安で困っているという行動ではないこと，つまり「実行できる可能性の高い行動」にすることが重要です。子どもがすでにある程度（7～8割ほど）自分でできている行動をターゲットにするのも良いでしょう。

■ ターゲット行動を決める

本エピソードで対象となったお子さんは小学校５年生の男の子でADHD（注意欠陥／多動性障害）の診断を受けていました。お母さんが気になる行動を記入した「ターゲット行動を絞り込むフォーム」は以下に示した通りです。

自分が一番指導したい行動から順位づけ（③）	気になる行動の具体的な内容（①）	ターゲットにできそうな適切な行動（課題）（②）	自分はそれに取り組めそうか？（実行可能性）（④）※1	子どもにとっての負担度（⑤）※2	最終的な優先順位（⑥）
1	学校でノートをとらずにいると，とるように友達に言われて，休みたいのにノートをとり続けてしまう。	「休みたいです」と言う	×	△	
2	夜，お風呂に一人で入れない	一人でお風呂に入る	○	×	3
5	食事中に箸をテーブルに直接置いてしまい，テーブルが汚れるので注意するが，何度言っても直らない。	箸を皿の上に置く	○	○	1
4	一緒にスーパーに行くと，知らない間にいなくなっている。	行きたい所があれば声をかける	○	○	2
3	外出時，母の用事が終わっていないのに待てずに「早く行こう」と言い，母の手をひっぱる。	やることがなくても待つことができる	△	△	

※1　実行可能性　○：できそう　△：ややできそう　×：困難
※2　子の負担度　○：少ない　△：やや少ない　×：大きい

■ ターゲット行動として取り上げる行動を絞り込む

このフォームを見ながらグループ全員でターゲット行動の絞り込みの作業をしました。1つずつの行動について，53 ～ 55 ページに示した四つの観点，つまりお母さん，子ども，それぞれの実行可能性，意味・意義について考えていきます。順位１番の「学校での気になる行動」については，お母さんによればそれには担任の先生の協力を得る必要があったことから，すぐに実行することは難しいということでした。順位２番の「お風呂に一人で入れない」については，お母さんがそのときの状況について説明するのを，専門家ファシリテーターが板書して整理しながら，どういう状況での気になる行動なのかをグループ全員で確認しました。現状では，一人で入浴したことがないということでしたので，この行動は子どもへの負担が大きいのではないかという意見が多く出されました。また，順位３番の「外出時にお母さんがレストランで誰かと話しているときなどの待つことができない」についても同様に現在の状況をグループ全員で確認し，常に待てないわけではなく，待つことができる状況もあったため，状況をもう少し詳しく把握をすることが必要ということになりました。

以上のような話し合いを経て，ターゲット行動は二つに絞られました。順位の４，５番目の行動のいずれも場面が特定されていることからお母さんは実行しやすいとおっしゃっていました。かつ，できるときもある行動であったため，子どもにとっては負担が少ないだろうと専門家ファシリテーターは考えました。さらに，勝手にその場からいなくなる行動はどの場においても不適切であるとみなされる可能性が高いため，子どもにとっても，お母さんに事前に声をかけてからその場を離れる，ということを学ぶことは意味があるのでは，と他のお母さんからの意見として出されました。そこで，家族がより困っている問題であり，家族が安心して買い物をすることができると嬉しいとお母さんもおっしゃったことから，４番目の「スーパーなどで知らない間にいなくなる」という気になる行動を取り上げることにしました。

■ ターゲット行動を具体化する

この気になる行動が起きる状況をさらに詳しく整理したところ，すべてのスーパーで勝手にいなくなるわけではなく，大型スーパーやデパートなどの広い場所に行った場合であることがわかりました。しかし，建物の外に出て行くことはなく，時に自分からお母さんを探すこともありました。そのため，いなくなったとしても必ずスーパー内で再会することができていました。最終的には必ずお母さんに会うことができていたため，突然お母さんの側からいなくなる行動は結果的に強化され続けていたというわけです。

いなくなるときに子どもは突然走り出し，そのときの状況はさまざまでした。お母さんが気をつけていると，子どもが走り出す際に制止することは可能でした。また，事前に再会する時間・場所を決めておいたとしても，所定の時間にその場に来ることは難しいとお母さんは思っていました。そこで，「事前に行く場所をお母さんに言う行動」をターゲット行動としました。

■ 記録用紙を作成する

事前に行く場所を言うことができたかと同時に，この行動が起きにくい外出先があるか否かを知るために，外出先を併せて記録しました。

記録用紙

日付	外出先	結果

※結果の記入方法
◎：いなくならなかった
○：言うことができた
×：言わずにいなくなった

■ 指導の手続き作成フォームで整理する

まずは「①具体的なターゲット行動」に「状況」，「誰に」，「ターゲット行動」を書いていきました。「状況」の欄には広い場所で子どもはいなくなっていたので，「大型スーパーなど広い場所で」としました。次に「指導する側の手続き」を書いていきました。「ことばかけ」はターゲット行動を行うきっかけとして「どこに行くの？」と質問することにしました。「④ターゲット行動ができないときの援助の仕方」では，最初は制止した直後に質問することにし，質問に安定して答えることができるようになった時点で制止した直後に質問するのではなく，3秒待つ（時間

本ケースの「指導の手続き作成フォーム」

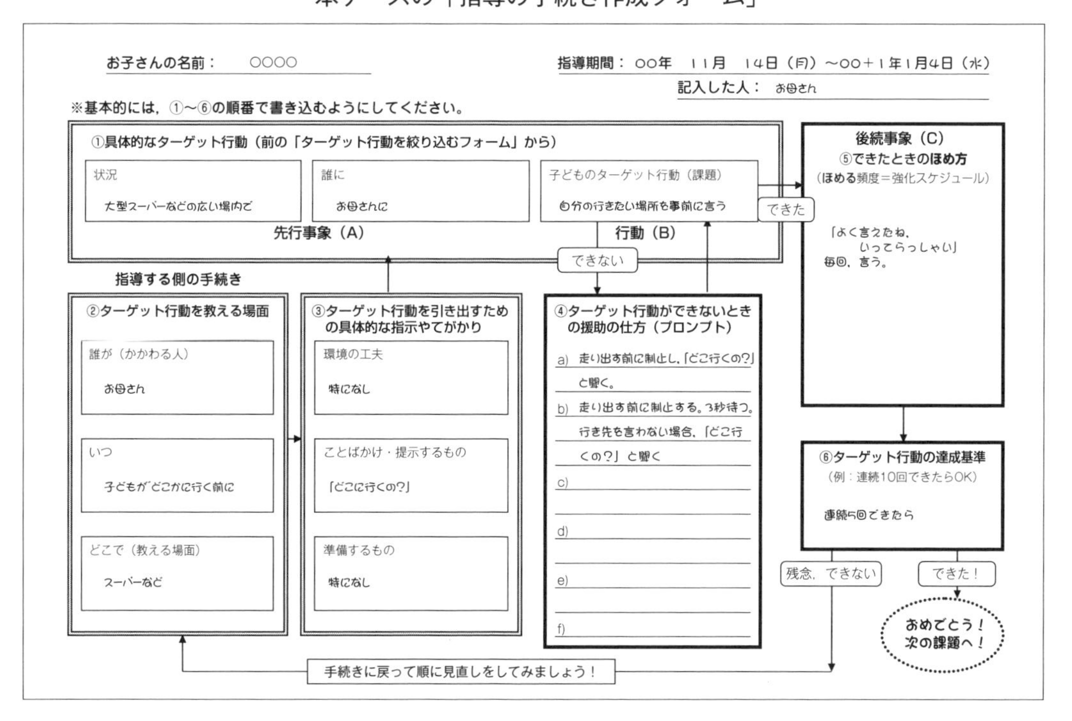

お子さんの名前：　○○○○

指導期間：○○年　11月　14日（月）〜○○＋1年1月4日（水）

記入した人：お母さん

※基本的には，①〜⑥の順番で書き込むようにしてください。

①具体的なターゲット行動（前の「ターゲット行動を絞り込むフォーム」から）

状況：大型スーパーなどの広い場内で

誰に：お母さんに

子どものターゲット行動（課題）：自分の行きたい場所を事前に言う

先行事象（A）

行動（B）

できた

できない

後続事象（C）
⑤できたときのほめ方
（ほめる頻度＝強化スケジュール）

「よく言えたね，
　いってらっしゃい」
毎回，言う。

指導する側の手続き

②ターゲット行動を教える場面

誰が（かかわる人）：お母さん

いつ：子どもがどこかに行く前に

どこで（教える場面）：スーパーなど

③ターゲット行動を引き出すための具体的な指示やてがかり

環境の工夫：特になし

ことばかけ・提示するもの：「どこに行くの？」

準備するもの：特になし

④ターゲット行動ができないときの援助の仕方（プロンプト）

a）走り出す前に制止し，「どこ行くの？」と聞く。

b）走り出す前に制止する。3秒待つ。行き先を言わない場合，「どこ行くの？」と聞く

c）

d）

e）

f）

⑥ターゲット行動の達成基準
（例：連続10回できたらOK）

連続5回できたら

残念，できない

できた！

おめでとう！
次の課題へ！

手続きに戻って順に見直しをしてみましょう！

遅延法）ようにしました。「⑤できたときのほめ方」では，普段お母さんがほめるときに使っている言葉にしました。

■ 指導の結果

本ケースの「指導の結果」

	日付	外出先	結果	待ち合わせ
ベースライン	11月14日	スーパー	◎	―
	11月18日	スーパー	×	―
	11月19日	博物館	×	―
		植物園	○	―
	11月23日	スーパー	○	―
		スーパー	◎	―
	11月25日	スーパー	◎	―
	11月26日	スーパー	○	―
	11月27日	スーパー	○	―
指導	12月17日	電気屋	◎	―
		スーパー	×	×
	12月18日	スーパー	△	○
	12月30日	温泉	○	○
	12月31日	スーパー	○	○
		玩具屋	○	○
	1月1日	動物園	○	○
		神社	◎	―
	1月2日	サービスエリア	○	○
	1月3日	サービスエリア	○	○
	1月4日	スーパー	○	○

※結果
◎：いなくならなかった
○：言うことができた
△：援助ありで言うことができた
×：言わずにいなくなった
※待ち合わせ
○：待ち合わせ場所に来た
×：待ち合わせ場所に来なかった

ベースライン期において記録をつけることで，お母さんは子どもに声かけをしたり，ほめたりすることが以前より多くなり，結果は良好でした。指導期間では，行き先をお母さんに言った後に待ち合わせ場所を決めることができるようになり，待ち合わせもできるようになりました。

■ まとめ

本エピソードは，子どもがすでにある程度自分でできている行動をターゲットにしたことが短期間で指導に効果が見られた要因の一つと考えられます。ターゲット行動を選ぶ際に，まったくできていない行動をターゲットにするよりも，ある程度自分でできているものを選ぶというのは大事なコツの一つです。

エピソード２：　お母さん自身の行動をターゲット行動にしたケース

■ 選ばれたターゲット行動

「夕食後子どもが食器を流し台まで運んだとき，お母さんが子どもに『ありがとう』と言う」

選択のポイント

このエピソードは，「いきなり子どもの指導にとびつかない」良い例かもしれません。子どもの行動を直接的に変えようとする前に，自分の対応を含めた周囲の環境を変えるということは，応用行動分析学の基本的な考え方です。たとえ子どもの行動をターゲット行動として取り上げたとしても，指導する側である自分たちの行動を変えていくという視点を常に持ち続けていなければいけません。

■ ターゲット行動を決める

本エピソードでの対象はお母さんでした。お子さんは小学校３年生通常学級に在籍している男の子で広汎性発達障害の診断を受けていました。「ターゲット行動を絞り込むフォーム」は以下に示した通りです。お母さんは自ら自分の気になる行動を挙げてきました。

本ケースの「ターゲット行動を絞り込むフォーム」

	自分が一番指導したい行動から順位づけ（③）	気になる行動の具体的な内容（①）	ターゲットにできそうな適切な行動（課題）（②）	自分はそれに取り組めそうか？（実行可能性）（④）※1	子どもにとっての負担度（⑤）※2	最終的な優先順位（⑥）
子ども	1	学習の開始を再三促すがなかなかできず，怒ったり泣いたりして嫌々始める	決めた時刻に課題の1問目にとりかかる	△	△	
	4	外出，食事など行き先が自分の思うところと違うと，怒ったり泣いたりして譲らない		△	△	
	2	学習で答えが間違っているので，訂正・修正を言っても，怒ったり泣いたりしてできない		△	△	
	3	人の失敗に対して「バカ」などと暴言を吐いて，周りを不快にさせる		△	△	
母	1	学習をすぐに始めないと大声で怒る・怒鳴る 始めても言い続ける	学習の開始時刻まで声をかけない	△	○	
	2	子どもが誉めてほしいサインを出しても素直に誉められずに茶化してしまう	子どもが「うまくできた」と言ったとき，「そうだね」と言う	△	○	

※1 実行可能性 ○：できそう △：ややできそう ×：困難
※2 子の負担度 ○：少ない △：やや少ない ×：大きい

■ ターゲット行動として取り上げる行動を絞り込む

「子ども」の行動の優先順位１～４番目のものについて状況を整理していく中で，すべての場合において，子どもはお母さんと言い争いになり，怒ったり泣いたりしていることが明らかになりました。気になる行動で挙げられた以外でも生活全般において，普段からお母さんは叱ることが多いのに，ほめることに対しては照れがありました。お母さんは言い争いになることを反省しながらも，「口うるさく言わずにすむようにしたい」とおっしゃっていました。そこで，グループの多くの方から，お母さんが子どもをほめると，子ども，家族共にプラスに働き，生活を楽しくさせるという意見が出たので，お母さん自身の行動をターゲット行動としました。お母さん自身が「何とかしたい」と思っていたために実行可能性は高いと判断されました。

「母」の順位１番のターゲット行動において，「声をかけない」ことは具体的に声をかけないで何をするかが不明確であったこと，「早く学習を始めてほしい」と強く思っていたため，声をかけないことを実行するのは難しそうだという意見が出されました。また，「母」の順位２番では，お母さんは子どもがほめてほしいサインを出した場合は，気恥ずかしさから茶化してしまってほめられないことが多くありました。

■ ターゲット行動を具体化する

グループでの話し合いを経て，①お母さんが怒りやすい場面，②子どもがほめてほしそうな素振りがある場面は，指導場面としては不適切であると判断されました。二つの条件にあてはまらない場面として，①生活の自然な流れの中でほめる機会を設定する方がお母さんとしては実行しやすいこと，②ほめ方を具体化した方が良いことを専門家ファシリテーターが提案しました。そこで，子どもがお手伝いを行っている場面がいいのではないかとお母さんからアイデアが出されたため，その場面を取り上げ，ターゲット行動を導き出しました。

■ お母さんの行動の記録用紙を作成する

お母さんが子どもに対してお礼を言うことができたかを記録するとともに，怒る行動を振り返ることができるように，食事中に怒った回数とその状況を併せて記録しました。

お母さんの行動の記録用紙

日　付	「ありがとう」	怒った回数	備　考

■ 指導の結果

本ケースの「指導の結果」

日　付	「ありがとう」	怒った回数	備　考
11月14日	○	0	
11月15日	○	0	
11月16日	○	2	茶碗に指を入れて怒る
11月17日	○	0	
11月18日	○	2	
11月20日	×	2	左手を口に入れる
11月21日	○	1	左手を口に入れる
11月22日	○	0	
11月23日	○	2	左手を口に入れる
11月24日	○	1	姿勢がくずれる
11月25日	○	0	
11月27日	○	1	左手を口に入れる

ベースライン期において記録をつけただけで，ターゲット行動を達成することができました（そのため，次のステップである，指導の手続き作成フォームは作成しませんでした）。

その次のターゲット行動を決める際には，夕食中の子どもが左手を口に入れる行動に対してお母さんはつい注意しがちな傾向があったので，子どもの行動をターゲット行動（「左手で茶碗を持つことができる」）として取り上げました。正誤を記録するだけでなく，同時に「怒った」「ほめた」回数を記録するようにし，引き続きお母さん自身の行動に関しても記録をしていきました。

■ まとめ

本エピソードは子どもの行動ではなく，周囲の大人の行動をターゲットにできることを示したわかりやすい例です。また，ベースラインの記録をつけただけでターゲット行動が実行できるようになりました。状況を整理し，記録をつけるだけで効果がみられるという「反応性効果」の具体例です（本文 63 ページ参照）。

エピソード３：　生活の流れの中にターゲット行動を組み込むことで成功したケース

■ 選ばれたターゲット行動

「パジャマを着替える前に，使ったものを片付けることができる」

選択のポイント

新たな活動やまだ安定してできない活動を指導する際に，すでに生活の流れの中で安定して行うことができている活動と組み合わせて指導すると，改めて指導の場面を設定するよりも有効な場合があります。この方法では，ターゲット行動を組み込む前の生活の流れ（文脈）を大きく変えることなくそのまま維持できるため，子どもがターゲット行動を容易に実行しやすくなります。現在の生活の流れの中に新たにターゲット行動を組み込んだスケジュールを示すことも有効な手立てになるでしょう。

■ ターゲット行動を決定する

本エピソードで対象となったお子さんは小学校５年生の男の子でアスペルガー障害の診断を受けていました。「ターゲット行動を絞り込むフォーム」は以下に示した通りです。

自分が一番指導したい行動から順位づけ（③）	気になる行動の具体的な内容（①）	ターゲットにできそうな適切な行動（課題）（②）	自分はそれに取り組めそうか？（実行可能性）（④）※1	子どもにとっての負担度（⑤）※2	最終的な優先順位（⑥）
3	困ったり助けてほしいことがあったりしても，人に伝えることができない	助けてほしいこと，手伝ってほしいことを相手に伝える	○	△	2
1	挨拶・お礼・謝罪ができない	言葉に出して挨拶する	○	△	
7	苦手な人に会うと視線をそらしたり，避けたりするときがある	苦手な人に会ったときに会釈する	△	△	
6	苦手なことや新しいことはすぐにできない・避ける	苦手なことでも取り組む	△	×	
2	帰宅後に使ったものを寝るまでに全部片づけられないことがある	寝るまでに全部片付ける	○	○	1
4	朝の支度を指示がないと行えない	指示なく一人で朝の支度を行う	○	○	
5	毎日行うドリルを声かけしないとやらない	1回の声かけでドリルを行う	○	△	

※1　実行可能性　○：できそう　△：ややできそう　×：困難
※2　子の負担度　○：少ない　△：やや少ない　×：大きい

■ ターゲット行動として取り上げる行動を絞り込む

順位 6, 7 番目については，苦手なことに取り組ませることは子どもにとっての負担が高いこと，お母さんの負担も大きくなることが予想されたので，最初に取り上げるターゲット行動としては望ましくないのではないかとグループの話し合いで意見が出ました。順位 1 ～ 5 までの行動はお母さんの実行可能性は高く，子どもの負担度は低く，共に意義のあるターゲット行動であることが確認され，順位の高い順から各行動の状況を整理していきました。その結果，順位 2 番目の「片付けができない」については，子どもが一人ですべて片付けをする日もあったことから最も子どもにとって負担が少ないと判断し（エピソード 1 参照），「寝るまでに使ったものを片付ける」ことをターゲット行動として取り上げることにしました。

■ ターゲット行動を具体化する

まずは使う物の量や使う場所の多さによって，片付けができない日が生じるかどうかを確認しました。子どもが使うものは，本，ゲーム，おもちゃなど多岐にわたり，使う物や量は日によって違い，それらを使う場所はいくつかの部屋がありました。しかし一旦片付けをし始めると，使ったものの量や場所に限らず，最後までできることが多くありました。子どもは「寝る前に片付けることはわかっている」とお母さんに言っていましたが，寝るまでのどの時間帯で片付けを行うかは日によって違い，片付けを行わない日もありました。そこで，片付けを始める時間を明確にする必要があるとの意見が話し合いの中で出されました。寝るまでに行う活動を時系列でお母さんに挙げてもらった後，専門家ファシリテーターがその流れの中に片付けの活動を組み込むことを提案しました。その結果，毎日寝る前に必ず行う活動である，パジャマの着替えの前に片付けを行うことが決まりました。

■ 記録用紙を作成する

子どもが自発的に行ったか，お母さんの声がけが必要だったか，声がけだけでなく身体的な援助が必要だったか，を記録しました。併せて，手続きを改善する必要がある場合の情報収集として，プロンプトが必要であったときの状況についても記録しました。

記録用紙

日　付	正　誤	備　考

※記録の方法
◎：自発的にできた
○：声がけが必要だった
△：身体的な援助が必要だった
×：できなかった

■ 指導の手続き作成フォームで整理する

「①具体的なターゲット行動」の「状況」は「パジャマを着替える前に」としました。次に「指導する側の手続き」を書いていきました。「④ターゲット行動ができないときの援助の仕方」では，片付けを始めるきっかけとしての声がけの仕方，片付けを始めたとしても十分でないときの声がけを決め，声がけで行わない場合に一緒に行うようにしました。「⑤できたときのほめ方」では，お母さんがほめると子どもが喜ぶ言葉，表情にしました。「⑥ターゲット行動の達成基準」では，1週間続けてできるという基準をお母さん自らが提案しました。

本ケースの「指導の手続き作成フォーム」

お子さんの名前：　〇〇〇〇

指導期間：〇〇年　11月　14日（月）～〇〇年12月23日（金）

記入した人：お母さん

※基本的には，①～⑥の順番で書き込むようにしてください。

①具体的なターゲット行動（前の「ターゲット行動を絞り込むフォーム」から）

状況	誰に	子どものターゲット行動（課題）
パジャマに着替える前に	一人で	その日に使ったものを片づける
先行事象（A）		行動（B）

行動（B）→ できた → 後続事象（C）

行動（B）→ できない → ④

後続事象（C）
⑤できたときのほめ方
（ほめる頻度＝強化スケジュール）

毎回（にっこり笑って），「きれいに全部部屋が片づけられたね」

指導する側の手続き

②ターゲット行動を教える場面

- 誰が（かかわる人）：お母さん
- いつ：パジャマに着替える前に
- どこで（教える場面）：部屋（リビング）

③ターゲット行動を引き出すための具体的な指示やてがかり

- 環境の工夫：特になし
- ことばかけ・提示するもの：特になし
- 準備するもの：特になし

④ターゲット行動ができないときの援助の仕方（プロンプト）

a) 「片づけるよ」と声かけする。

b) 「和室も見た？」と声かけする。

c) 一緒に片づけを行う。

d)

e)

f)

⑥ターゲット行動の達成基準
（例：連続10回できたらOK）

連続7回できたら

残念，できない → 手続きに戻って順に見直しをしてみましょう！

できた！ → おめでとう！次の課題へ！

■ 指導の結果

ベースライン期から，声がけで片付けをすることが多くありました。指導が始まると，片づけをしないで寝ることはなくなりました。また，片付けを忘れた場合には声がけをすることですべて片付けをすることができました。

本ケースの「指導の結果」

	日付	結果	備考
ベースライン期	11月14日	○	
	11月15日	×	
	11月16日	○	
	11月17日	×	
	11月18日	×	
	11月19日	○	
	11月20日	○	片づけをしたが，他の部屋に片付け忘れがあった。
	11月21日	○	
	11月22日	○	
	11月23日	○	片づけをしたが，他の部屋に片付け忘れがあった。
	11月24日	○	
	11月25日	○	
	11月26日	○	片づけをしたが，他の部屋に片付け忘れがあった。
	11月27日	○	
指導期	12月11日	○	
	12月12日	○	
	12月13日	◎	
	12月14日	○	
	12月15日	○	
	12月16日	○	片づけ忘れがあり，「全部片づけたか，和室も見てね」と声がけする。
	12月17日	◎	
	12月18日	◎	
	12月19日	◎	
	12月20日	◎	
	12月21日	◎	
	12月22日	◎	
	12月23日	◎	

※記録の方法
◎：自発的にできた
○：声がけが必要だった
△：身体的な援助が必要だった
×：できなかった

■ まとめ

新しい行動を現在の生活の流れの中にうまく組み込むことは，その新しい行動を「いつ」行えばよいかという行動を開始するきっかけが子どもにとってわかりやすくなります。つまり，先行事象を明確にしたということになります。本エピソードでも，いつも行っている行動をきっかけにしたことでターゲット行動の開始がスムーズになったというのがポイントですね。

2）先生が作成した指導プログラム

ここからは，学校の先生が作成した指導プログラムについてご紹介していきます。

エピソード４： 活動すること自体をターゲット行動にしたケース

■ 選ばれたターゲット行動

「掃除の時間に，一人で机拭きをすることができる」

選択のポイント

この事例では，掃除の時間にさぼって，ふざけて遊んでいるという児童のことを，先生は当初「さぼっているのは発達障害があるから」と理由づけしていたそうです。しかし，その児童の様子をよく観察したところ，手先の不器用さなどから，ほうきの使用が難しいことがわかってきました。この先生はすぐに子どもにとって苦手なほうきの指導をするのではなく，まずは「机を拭く」ことをターゲット行動にして指導を行いました。子どもにとって苦手な活動ではなく，まずは子どもができる活動から取り組み，ほめられ認めてもらえることは，いろいろな活動に取り組む行動を全般的に高めることにつながっていきました。

■ ターゲット行動を決める

本エピソード対象となったお子さんは小学校中学年の男の子でした。先生が気になる行動を記入した「ターゲット行動を絞り込むフォーム」は次に示したとおりです。

本ケースの「ターゲット行動を絞り込むフォーム」

自分が一番指導したい行動から順位づけ（③）	気になる行動の具体的な内容（①）	ターゲットにできそうな適切な行動（課題）（②）	自分はそれに取り組めそうか？（実行可能性）（④）※1	子どもにとっての負担度（⑤）※2	最終的な優先順位（⑥）
1	掃除の時間にほうきを振り回して，掃除に取り組まない	決められた掃除をする	○	○	1
2	授業で教師の話を聴くことができない	先生の話を聴く	○	△	2
3	問題が解けなくて大声で泣き，課題に取り組まない	苦手な課題に取り組む	△	×	4
4	人の物に興味があると，許可なく触ったり見たりする	「かして」と言って物に触る	○	×	3

■ **ターゲット行動として取り上げる行動を絞り込む**

順位２番の「先生の話を聴くことができない」については，クラス全体の子どもたちにその傾向が見られたため，授業における先生の手立ての全体を見直す必要があり，すぐに実行することは難しそうでした。順位３番の「課題のときに泣く」については，状況を確認していくと，テストや苦手な課題を行うときや間違いを指摘されたときに泣いたり逃げたりすることが見られました。また，多くの学校生活場面で見られたため，より状況を把握し，指導する内容や場面を限定していく必要がありました。順位４番については，それほど多く見られる行動ではないことが確認されました。

以上のように考えた結果，先生はターゲット行動を順位１番に決定しました。１番目の行動は毎日指導できるため，学習する機会を多く確保でき，先生も教室にいることが多いことから実行しやすいと考えられました。

■ **ターゲット行動を具体化する**

最初は「ほうきを使って掃除をする」というターゲット行動が出されました。そこで，掃除の時間にほうきを振り回さずに，ほうきを使って掃除をしているときの様子について整理すると，ほうきでごみを１カ所に集めることが難しいなど，子どもの不器用さの実態がわかってきました。さらに，そもそも子どもは，ほうきでどこをどれだけはいていくのか，もわかっていなかったことも明らかになりました。その結果，ほうきの使用の仕方を最初に指導するのは，子どもにとって負担が大きいと判断されました。本児ができる掃除は何かを再度検討し，雑巾でふくことが挙げられたため，本人が使用できる雑巾を用いることとし，「机を拭く」をターゲット行動としました。

■ **記録用紙を作成する**

雑巾で机を拭くための一連の行動を挙げ，それらの行動について評価しました。子どもが自発的に行ったか，声かけが必要だったか，声かけだけでなく一緒に行う身体的な援助が必要だったか，できなかったかを記録しました。

本ケースの「記録用紙」

日付	掃除場所に来る	雑巾を取りに行く	雑巾で机を拭く	雑巾を洗う

※結果の記入方法
○：自発的にできた
△：声かけが必要だった
▲：一緒に行った
×：できなかった

■ **指導の手続き作成フォームで整理する**

「①具体的なターゲット行動」欄の「誰に」は，援助なく実行できることをねらいとしたため，「一人で」としました。「指導する側の手続き」の「②ターゲット行動を教える場面」の「誰が」では，先生以外に支援員を追加し，支援員と指導の手続きを共有することを確認しました。「③ターゲット行動を引き出すための具体的な指示や手がかり」の「環境の工夫」では，掃除の前にクラスの子どもたちに対して机上を片づけておくことを指示するようにしました。また，掃除の担当については，できるだけ仲がよい友達と班にするようにしました。「ことばかけ･提示するもの」はターゲット行動を行うきっかけとして「雑巾を持ってきて」と声かけすることにしました。「④ターゲット行動ができないときの援助の仕方（プロンプト）」では，最初は必ずモデルを示し，動きが止まったときには「どうするんだっけ？」と声かけするようにしました。「⑤できたときのほめ方」では，掃除が開始した直後には，「すごい！丁寧に拭けているね！」と即時にほめるようにし，掃除の途中にも頑張っていることを認める声かけをするようにしました。最後には，雑巾の汚れを一緒に確認してほめるようにしました。

本ケースの「指導の手続き作成フォーム」

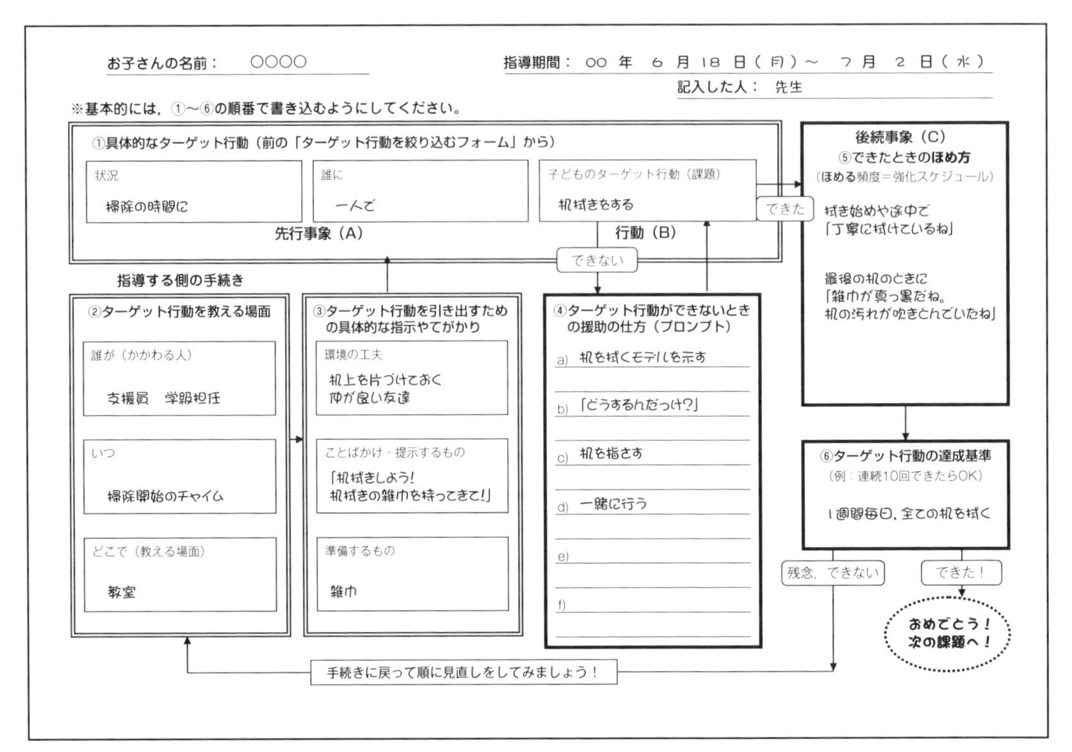

お子さんの名前： ○○○○

指導期間： ○○ 年 6 月 18 日（月）～ 7 月 2 日（水）

記入した人： 先生

※基本的には，①～⑥の順番で書き込むようにしてください。

①具体的なターゲット行動（前の「ターゲット行動を絞り込むフォーム」から）

状況	誰に	子どものターゲット行動（課題）
掃除の時間に	一人で	机拭きをする
先行事象（A）		行動（B）

できない

できた

後続事象（C）
⑤できたときのほめ方
（ほめる頻度＝強化スケジュール）
拭き始めや途中で
「丁寧に拭けているね」
最後の机のときに
「雑巾が真っ黒だね。
机の汚れが吹きとんでいたね」

指導する側の手続き

②ターゲット行動を教える場面
- 誰が（かかわる人）：支援員 学級担任
- いつ：掃除開始のチャイム
- どこで（教える場面）：教室

③ターゲット行動を引き出すための具体的な指示やてがかり
- 環境の工夫：机上を片づけておく 仲が良い友達
- ことばかけ・提示するもの：「机拭きしよう！ 机拭きの雑巾を持ってきて！」
- 準備するもの：雑巾

④ターゲット行動ができないときの援助の仕方（プロンプト）
- a) 机を拭くモデルを示す
- b) 「どうするんだっけ？」
- c) 机を指さす
- d) 一緒に行う
- e)
- f)

⑥ターゲット行動の達成基準
（例：連続10回できたらOK）
1週間毎日，全ての机を拭く

残念，できない

できた！

おめでとう！
次の課題へ！

手続きに戻って順に見直しをしてみましょう！

■ 指導の結果

ベースライン期において「掃除場所に来る」ことはできていました。「雑巾を取りに行く」「雑巾で机を拭く」では，声かけをしたり一緒に行ったりすることで，指導期には一人でできることが増えました。併せて，雑巾を洗うことも一人で上手にできるようになりました。この指導をきっかけに，自分でできる活動については，自発的に頑張って取り組む姿が多くみられるようになりました。また，苦手な活動で援助してほしいときには，その都度伝えることができるようになりました。

本ケースの「指導の結果」

	日付	掃除場所に来る	雑巾を取りに行く	雑巾で机を拭く	雑巾を洗う
指導前	6月18日	○	×	×	×
指導後	6月19日	○	×	▲	×
	6月20日	○	▲	▲	×
	6月21日	○	△	△	▲
	6月22日	○	○	△	△
	6月25日	○	△	○	▲
	6月26日	○	○	△	△
	6月27日	○	○	○	○
	6月28日	○	○	○	○
	6月29日	○	○	○	○
	7月2日	○	○	○	○

※結果
○：自発にできた
△：プロンプトでできた
▲：一緒に行った
×：できなかった

■まとめ

本ケースは，子どもがある程度自分でできる行動をもとに，掃除という活動自体に取り組むことをターゲットにしたことが，短期間で効果が出た要因の一つと考えられます。先生がほうきを使えるようにすることに固執せずに，活動に取り組むこと自体を認めたことで，苦手な活動にも取り組む姿が見られるようになりました。

「掃除をさぼる子」というレッテルを貼らずに，どのようにすれば掃除の活動が行えるようになるかとしっかりその子の様子を観察して，掃除活動そのものを教えたことで，この児童は「課題にしっかり取り組む子」となりました。

エピソード５： 気になる行動をきっかけに指導を見直したケース

■ 選ばれたターゲット行動

「授業中に，支援員と一緒に作文の課題に取り組む」

選択のポイント

児童生徒の気になる行動がなぜ起こっているかを丁寧に分析していくと，教師の側の指導の見直しにつながることがありますます。気になる行動をきっかけに，教師自らの指導の改善を図ることで，より子どもたちの適切な行動を増やすことが可能になるのです。

■ ターゲット行動を決める

本エピソードで対象となったのは小学校２年生の男の子でした。担任の先生が気になる行動を記入した「ターゲット行動を絞り込むフォーム」は次のとおりです。

本ケースの「ターゲット行動を絞り込むフォーム」

自分が一番指導したい行動から順位づけ（③）	気になる行動の具体的な内容（①）	ターゲットにできそうな適切な行動（課題）（②）	自分はそれに取り組めそうか？（実行可能性）（④）※1	子どもにとっての負担度（⑤）※2	最終的な優先順位（⑥）
2	苦手な活動に取り組まず，教室から出ていく	苦手な活動に取り組む	△	△	3
1	授業中，教室から出ていき，いろんな先生から注意されるが，なかなか教室に戻らない	自ら教室に戻る	○	△	1
4	友だちを叩くなど，トラブルが多い	友だちと適切に遊ぶ	×	×	4
3	休み時間の後，教室になかなか戻らず，いろんな先生に注意される	チャイムが鳴ったら教室に戻る	○	△	2

■ ターゲット行動として取り上げる行動を絞り込む

順位１番「授業中，教室から出ていった後，なかなか教室に戻らない」，順位３番「休み時間後，教室になかなか戻らない」について，本児はいろいろな先生から注意されていました。その際，いろいろなところに隠れたり，先生から逃げたりするだけでなく，時に廊下で他の先生と話すこともあったため，教室に戻るまでの時間がかかっていました。関係する先生方と話し合いをもって検討した結果，教室に戻らないでうろうろする行動は，先生方がかかわることで強化されており，注目を獲得するための機能があると推測されました。そこで，まずは，休み時間から子どもが教室に戻るまでの間，授業中に教室から出た後には，できる限り出会った先生たちは注意をせず，黙って教室に戻すようにすることを共通理解しました。その結果，休み時間後にスムーズに教室に戻るようになり，授業中に教室から出てもすぐに戻ることが多くなって，教室から出る回数も少なくなりました（なお，本ケースの順位１番，２番の行動に対する記録用紙，指導結果はここでは省略しています）。

教室から出ていくことは少なくなったものの，まだ続いていたためにいよいよ，順位３番の行動をターゲット行動として取り上げることにしました。関係する先生方との話し合いでは，教室環境や授業の魅力を高めることが優位順位２番の行動の改善にもつながり，優先順位１番の行動のさらなる改善につながることが確認されました。併せて，順位４番の「友達を叩く」ことについての情報を整理していく必要もありました。

■ ターゲット行動を具体化する

「苦手な活動に取り組む」行動を指導するために，取り組まないときの先行事象に焦点をあて，記録を取ることにしました。記録した結果，行事で頑張ったことや好きなものの紹介など，作文の課題に取り組むよう教示したときに教室から出ていくことが多いことが明らかになりました。関係する先生方との話し合いの結果，教室から出ることで作文に取り組まないですむという課題からの逃避の機能があると推測されました。また，作文の取り組みの際には，作文を書く前に先生と作文のテーマに沿って話をすると，比較的書くことができるということでした。

そこで，「授業中に，支援員と一緒に作文の課題に取り組む」ことをターゲット行動とし，作文の課題に取り組めるような指導手続きを検討していくことになりました。

■ 記録用紙を作成する

作文に取り組めたかどうかを評価しました。指導期にはどのプロンプトレベルにおいて作文を書いたかどうかも併せて記録しました。

本ケースの記録用紙

日付	生起の有無	プロンプト
6月13日		
6月14日		
6月15日		
6月16日		

※生起の有無
○：作文を書いた
×：作文を書かなかった

■ 指導の手続き作成フォームで整理する

「②ターゲット行動を教える場面」では，主に支援員が指導をすることにしました。「③ターゲット行動を引き出すための具体的な指示や手がかり」では，子どもが作文のテーマに沿って話をし，その内容に関するキーワードを書くための，キーワードシートを用意しました。「④ターゲット行動ができないときの援助の仕方（プロンプト）」では，支援員の質問に答えるかたちで話をし，キーワードを書くのも支援員が書く段階から始めていきました。「⑤できたときのほめ方」では，話をすること，キーワードをもとに作文を書くことに対して，適宜ほめていくことにしました。さらに，授業後に，完成した作文をもとに先生ががんばりシートでほめるようにしました。

本ケースの「指導の手続き作成フォーム」

お子さんの名前：　○○○○

指導期間：　00 年　9 月 20 日（月）～ 10 月 21 日（水）

記入した人：　先生

※基本的には，①～⑥の順番で書き込むようにしてください。

①具体的なターゲット行動（前の「ターゲット行動を絞り込むフォーム」から）

状況	誰に	子どものターゲット行動（課題）
国語の時間に	支援員と	作文の課題に取り組む
先行事象（A）		行動（B）

できた → 後続事象（C）
できない → ④

後続事象（C）
⑤できたときのほめ方
（ほめる頻度＝強化スケジュール）

「よくお話ができたね」，キーワードをもとに作文を書けたときに「上手に書けたね」とほめる。授業後，完成した作文を先生に提示するよう促し，先生はがんばりカードに丸印をつける。

指導する側の手続き

②ターゲット行動を教える場面

誰が（かかわる人）	支援員 担任
いつ	国語の作文課題の時間
どこで（教える場面）	教室

③ターゲット行動を誘引き出すための具体的な指示やてがかり

環境の工夫	特になし
ことばかけ・提示するもの	「話してみて。キーワードを挙げていこう！」
準備するもの	キーワードシート がんばりシート

④ターゲット行動ができないときの援助の仕方（プロンプト）

a) 支援者が質問しながら，子どもが作文のテーマについて話していき，キーワードを支援者が書きとる。

b) 子どもが作文のテーマについて話していき，キーワードを支援者が書きとる。

c) 子どもが作文のテーマについて話していきながら，キーワードを書く。

⑥ターゲット行動の達成基準
（例：連続10回できたらOK）

連続で5回できた

残念，できない → 手続きに戻って順に見直しをしてみましょう！

できた！ → おめでとう！次の課題へ！

■ 指導の結果

ベースライン期においては毎回，子どもは作文に取り組まず，教室から出ていきました。指導期では安定的に作文の課題に取り組むことができるようになりました。それに伴い，教室から出ていくこともなくなりました。また，休み時間が終わると，比較的スムーズに教室に戻ってくるようになりました。子どもは作文を完成し先生に見せてほめられると，とても喜んでいました。今後は，自らキーワードを書き出し，作文を書いていくことが課題です。さらに，作文自体の評価も行っていくことが必要です。

本ケースは，関係する先生方の話し合いにより，手続きを作成していきました。話し合いでは，優先順位４番の「友達を叩く」ことについての情報を整理することも行いました。今後，関係する先生方の話し合いでは，「友達を叩く」ことについて指導していこうと話しています。

本ケースの「指導の結果」

	日付	生起の有無	プロンプト
ベースライン期	6月13日	×	
	6月14日	×	
	6月15日	×	
指導期	6月16日	○	a
	6月17日	×	
	6月20日	○	a
	6月21日	○	a
	6月22日	○	a
	6月23日	○	a
	6月24日	○	a
	6月27日	○	a
	6月28日	○	a
	6月29日	○	a
	6月30日	○	a
	7月1日	○	a
	7月4日	○	b
	7月5日	○	b
	7月6日	○	b
	7月7日	○	b
	7月8日	○	b

※行動の生起の有無
○：作文を書く
×：作文に取り組まない
※プロンプト
a：質問して支援員がキーワードを書く
b：支援員がキーワードを書く
c：自らキーワードを書く

■ **まとめ**

本ケースは，気になる行動の機能を推測し，それに沿った指導を行うことで，ターゲット行動が達成できました。気になる行動をきっかけに，これまでの指導や授業自体を見直すことができました。気になる行動は，指導への問題を投げかけてくれているとも言えるでしょう。

また，本ケースでは，関係する先生方が集まり，子どもの指導について話し合う「ケース会議」を行って取り組んでいきました。いろいろな先生方が集まり，多くのアイデアが出ることで，先生方の指導のモチベーションアップにつながっていたよい事例です。

3）保護者と先生がともに作成したプログラム

エピソード６：保健者と先生が一緒に取り組んで指導がうまく進んだケース

■ **選ばれたターゲット行動：**

「授業が始まる前に，自分で教科書を出す」

「学校に着いて教室に入ったら，担任の先生に連絡帳を出す」

選択のポイント

学校の担任の先生が「さりげない配慮」を行って下さったおかげで，確実に成果を出すことができた例です。学校での指導が家庭で活かされる，家庭での指導が学校で活かされる，つまり子どもがほとんどの時間を過ごす両方の場で一貫した指導がなされれば，子どもはより大きく育っていくのは明らかです。そのためには，学校と家庭で具体的な行動の記録を取って話をしていくことが大切なポイントでしょう。これらの協働作業が保護者，先生の両者にとってお互いに有意義であると感じられるとよいやりとりが長く続くようです。本エピソードは，学校と家庭間の連絡帳を通して，次に指導するターゲット行動を相談するにまでなりました。

■ターゲット行動を決定する

本エピソードで対象となったのは小学校5年生の男の子でADHD（注意欠如・多動性障害）の診断を受けていました。「ターゲット行動を絞り込むフォーム」は以下に示した通りです。

自分が一番指導したい行動から順位づけ（③）	気になる行動の具体的な内容（①）	ターゲットにできそうな適切な行動（課題）（②）	自分はそれに取り組めそうか？（実行可能性）（④）※1	子どもにとっての負担度（⑤）※2	最終的な優先順位（⑥）
1	忘れ物をしたときに学校で大泣きをする	登校直前の玄関で忘れ物の点検をする	○	○	2
2	持っていく着替えが気に入らないと登校中（確認することがある）でも家に帰ってしまい，遅刻をする	忘れ物の点検と一緒に，着替えを自ら確認する	○	○	3
4	教科書を事前に出すことができない	授業が始まる前に自分で教科書を出す			4
4	連絡帳を出すことができない	学校に着いたら連絡帳を出す			4
3	家でプリント学習をやるときとやらないときがある	毎日プリントを解く	○	○	1

■ターゲット行動を取り上げるまでの経過

ターゲット行動を絞り込むフォームに挙げられた行動すべてが，子ども・家族にとっては意味があり，生活がより豊かになるターゲット行動でした。順位4番は学校での行動であり，先生の協力が必要であったため，最初は順位1～3番の行動を家庭で指導しました（なお，本エピソードの順位1～3番の行動に対する記録用紙，指導結果はここでは省略しています）。

これらの行動が実行できるようになったので，いよいよ最後に，順位4番の行動をターゲット行動として取り上げることになりました。担任の先生の学級経営の方針，子どもへの対応の仕方，保護者とのやりとりなどの実態についてお母さんがグループのメンバーに説明した後，皆で担任の先生が協力してくれる余地があるかどうかを話し合いました。すでに毎日連絡帳でやり取りをしていることや子どもの学校生活の状況から，先生が指導に協力してくれそうだと判断され，まずは担任の先生との面談を持つということをグループの話し合いで決定しました。

■ターゲット行動を具体化する

お母さんと担任の先生との話し合いの結果，「連絡帳を出す」，「授業前に教科書を出す」というターゲット行動を具体化することは比較的早くできました。それらを達成するための指導方法について話し合いの多くの時間が割かれました。その際の配慮事項として教室に他の子どもがいる中でも，担任の先生が実行可能な指導方法を決定する必要がありました。現状では，先生から教科書を出すように言われる，名前を呼ばれるなど，いろいろな声かけをされたり，ときに手伝ってもらったりしながら，子どもは連絡帳や教科書を出していました。

■ 記録用紙を作成する

結果は連絡帳に毎日，担任の先生が記録しました。記録用紙自体は事前にお母さんが作成しておき，連絡帳に添付しました。先生とお母さんが話し合った上で，担任の先生が確実に行える記録として，子どもがターゲット行動を自発したか（○），手伝ってもらってできたか（△），できなかった（×）を書くだけの簡易なものとしました。

本ケースの「記録用紙」

月　　日（　）

1時間	教科	連絡帳	教科書
		○	
1	理科		○
2	国語		○
3	総合		△
4	総合		○
5	算数		△
6	社会		○
コメント		Good！	おしい!!

※結果への記入方法
○：自発的にできた
△：手伝ってもらってできた
×：できなかった

■ 指導の手続き作成フォームで整理する

「教科書を出す」行動のための手続き作成フォーム１の「③ターゲット行動を引き出すための具体的な指示や手がかり」では，まったく手がかりがないとターゲット行動を自発することは難しいと考え，授業が始まる前に子どもの名前を側で呼ぶことにしました。「④ターゲット行動ができないときの援助の仕方」では，先生が側に行って手伝うことがなるべく起こらないよう，担任の先生が事前にクラスメイトに話をして協力を得ることにしました。「⑤できたときのほめ方」では，担任の先生，お母さんが共にほめることができるように，連絡帳を活用することにしました。

「連絡帳を出す」行動のための手続き作成フォーム２の「③ターゲット行動を引き出すための具体的な指示や手がかり」では，視覚的に分かりやすい連絡帳入れを担任の先生が用意することにしました。「⑤できたときのほめ方」は手続き作成フォーム１と同様にしました。

本ケースの「指導の手続き作成フォーム 1」

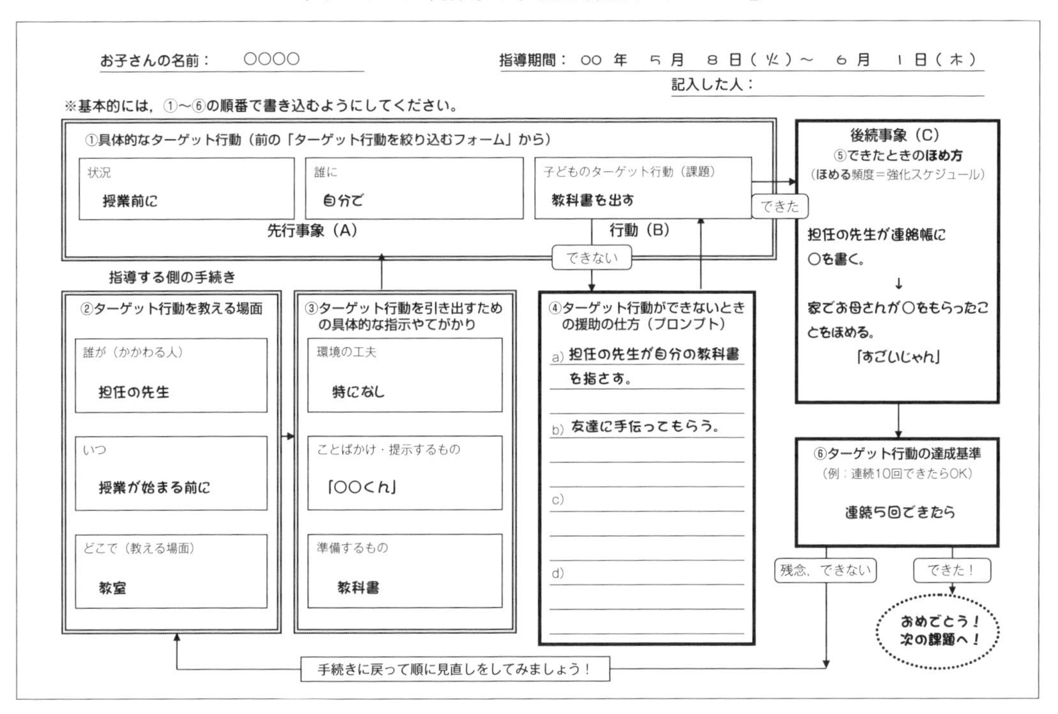

お子さんの名前：　○○○○

指導期間：　○○ 年　5 月　8 日（ 火 ）～　6 月　1 日（ 木 ）

記入した人：

※基本的には，①～⑥の順番で書き込むようにしてください。

①具体的なターゲット行動（前の「ターゲット行動を絞り込むフォーム」から）

状況	誰に	子どものターゲット行動（課題）
授業前に	自分で	教科書を出す
先行事象（A）		行動（B）

できた

できない

後続事象（C）
⑤できたときのほめ方
（ほめる頻度＝強化スケジュール）

担任の先生が連絡帳に○を書く。
↓
家でお母さんが○をもらったことをほめる。
「すごいじゃん」

指導する側の手続き

②ターゲット行動を教える場面

- 誰が（かかわる人）：担任の先生
- いつ：授業が始まる前に
- どこで（教える場面）：教室

③ターゲット行動を引き出すための具体的な指示やてがかり

- 環境の工夫：特になし
- ことばかけ・提示するもの：「○○くん」
- 準備するもの：教科書

④ターゲット行動ができないときの援助の仕方（プロンプト）

a) 担任の先生が自分の教科書を指さす。
b) 友達に手伝ってもらう。
c)
d)

⑥ターゲット行動の達成基準
（例：連続10回できたらOK）

連続5回できたら

残念，できない

できた！

おめでとう！
次の課題へ！

手続きに戻って順に見直しをしてみましょう！

本ケースの「指導の手続き作成フォーム 2」

お子さんの名前：　○○○○

指導期間：　○○ 年　5 月　8 日（ 火 ）～　6 月　1 日（ 木 ）

記入した人：

※基本的には，①～⑥の順番で書き込むようにしてください。

①具体的なターゲット行動（前の「ターゲット行動を絞り込むフォーム」から）

状況	誰に	子どものターゲット行動（課題）
学校に着いて教室に入ったら	担任の先生に	連絡帳を出す
先行事象（A）		行動（B）

できた

できない

後続事象（C）
⑤できたときのほめ方
（ほめる頻度＝強化スケジュール）

担任の先生が連絡帳に○を書く。
↓
家でお母さんが○をもらったことをほめる。
「すごいじゃん」

指導する側の手続き

②ターゲット行動を教える場面

- 誰が（かかわる人）：担任の先生
- いつ：教室に入った直後
- どこで（教える場面）：教室

③ターゲット行動を引き出すための具体的な指示やてがかり

- 環境の工夫：特になし
- ことばかけ・提示するもの：目配せ
- 準備するもの：連絡帳入れ

④ターゲット行動ができないときの援助の仕方（プロンプト）

a) 連絡帳を指さす。
b) 友達に手伝ってもらう。
c) 担任の先生が一緒に出す。
d)

⑥ターゲット行動の達成基準
（例：連続10回できたらOK）

連続5回できたら

残念，できない

できた！

おめでとう！
次の課題へ！

手続きに戻って順に見直しをしてみましょう！

■ **指導の結果**

結果は２つのターゲット行動共に良好でした。連絡帳については３日間連続で友達に手伝ってもらった後は，子どもは自発的に出すことができるようになりました。教科書については，すべての授業で一人で準備することが88%の達成率でした。

本ケースの「指導の結果」

日付	連絡帳	教科書
5月8日	▲	○
5月9日	▲	▲
5月10日	▲	○
5月11日	○	○
5月12日	○	○
5月15日	○	○
5月16日	○	○
5月17日	○	○
5月18日	○	▲
5月19日	○	○
5月22日	○	○
5月23日	○	○
5月24日	○	○
5月26日	○	○
5月29日	○	○
5月30日	○	○
5月31日	○	○
6月1日	○	○

※連絡帳
○：自発的にできた
△：連絡帳を指さすことでできた
▲：友達の手伝いあり
×：できなかった
※教科書
○：すべての授業の前に教科書を出すことができた
△：教科書を指さすことでできた
▲：教科書を出すことを手伝ってもらった回数が
１回以上あった

■ **まとめ**

学校と家庭で連絡を密に取り合ったことで指導がうまくいった事例です。複数の場面で一貫したかかわりをすることは何より子ども本人にとってわかりやすい環境調整となります。連携とはこのような地道なやりとりの積み重ねで築き上げられていくのでしょう。

3. ケースを通してわかること～1つ1つを丁寧に～

いかがだったでしょうか。いずれのケースも子どもたちの現状をしっかり把握する，つまり行動の記録をとって丁寧に指導のプロセスを経ることで，適切な行動を増やすことにつながっています。「今」丁寧に見取りかかわることで目の前の我が子，あるいは児童生徒の「将来」が大きく変わると言っても過言ではありません。

次は，皆さんがこの一歩を踏み出していただければと思います。

コ ラ ム

自分の行動にも適用できる

本ケースは，自分の行動を取り上げて適用したものです。自分自身の行動もABAの原理にあてはまるという好事例です。

Kさんは，なかなか起床することができません。頭でわかっていても，どうしても二度寝をしてしまいます。そこで，ターゲット行動を「朝，2分以内に布団から起き上がる」として，自分の指導に取り組むことにしました。前日の夜，目覚まし時計をセットし，ベッドの近くに置いて就寝したのですが，朝，アラームが鳴ってもアラームを止め，再度寝ていることが続いていました。その条件をベースライン条件として記録をとっていきました。

アラームが鳴った時間，布団から起き上がった時間，潜時（アラームが鳴ってから動き出すまでの時間）を記録しました。指導期では条件も併せて記録するようにしました。

記録用紙

日付	時間 先行事象（アラーム）	反応開始（布団から出た時間）	潜時	指導
1月20日	4:40	4:48	8分	A
1月21日	6:45	6:55	10分	
1月22日	6:15	6:25	10分	
1月23日	6:15	6:20	5分	

※指導
A：アラームをベッドの近くに置く（ベースライン）
B：アラームの位置を遠ざける
C：アラームの位置を遠ざける＋暖房をセットする

主に「③ターゲット行動を引き出すための具体的な指示や手がかり」を工夫しました。アラームの位置を遠ざけることから始め，併せて，前日の夜に暖房をセットすることも行いました。さらに，どの条件で確実に起きることができるかを明らかにするため，それぞれの条件をランダムに実施しました。「⑤できたときのほめ方」では，記録をもとにグラフ化し，それを壁に貼って，いつでも見られるようにしました。

本ケースの「指導の手続き作成フォーム」

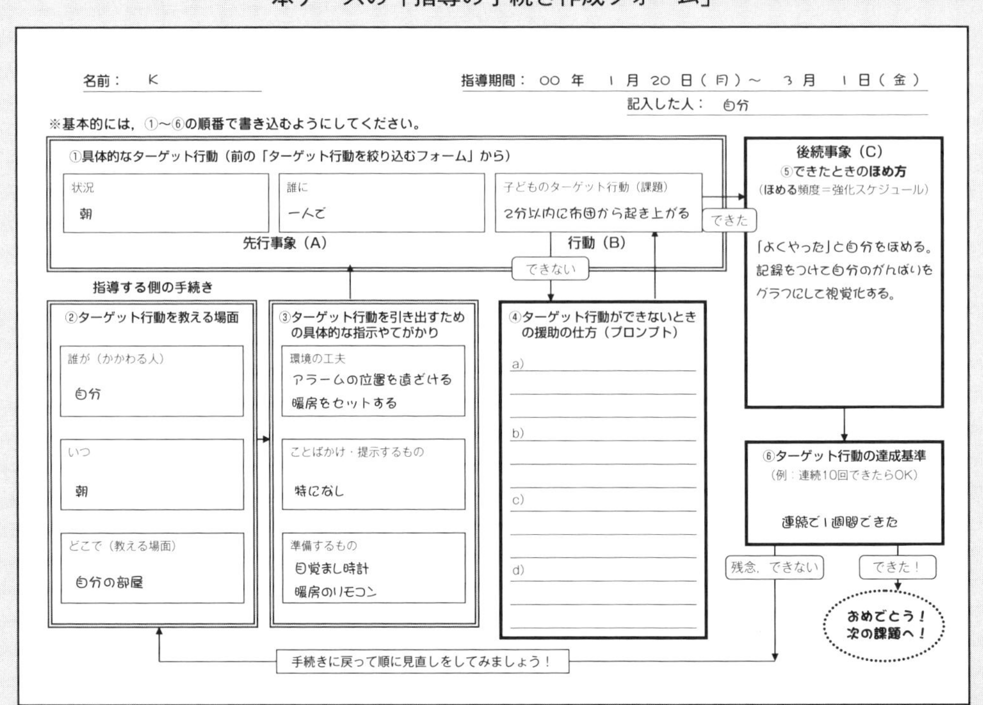

名前：　K

指導期間：　00 年　1 月　20 日（月）～　3 月　1 日（金）

記入した人：　自分

※基本的には，①～⑥の順番で書き込むようにしてください。

①具体的なターゲット行動（前の「ターゲット行動を絞り込むフォーム」から）

状況	誰に	子どものターゲット行動（課題）
朝	一人で	2分以内に布団から起き上がる

先行事象（A）　行動（B）

できた／できない

後続事象（C）
⑤できたときのほめ方
（ほめる頻度＝強化スケジュール）
「よくやった」と自分をほめる。記録をつけて自分のがんばりをグラフにして視覚化する。

指導する側の手続き

②ターゲット行動を教える場面
誰が（かかわる人）：自分
いつ：朝
どこで（教える場面）：自分の部屋

③ターゲット行動を引き出すための具体的な指示やてがかり
環境の工夫：アラームの位置を遠ざける　暖房をセットする
ことばかけ・提示するもの：特になし
準備するもの：目覚まし時計　暖房のリモコン

④ターゲット行動ができないときの援助の仕方（プロンプト）
a)
b)
c)
d)

⑥ターゲット行動の達成基準
（例：連続10回できたらOK）
連続で1週間できた

残念，できない／できた！

おめでとう！次の課題へ！

手続きに戻って順に見直しをしてみましょう！

右図ではアラームが鳴ってから何分で布団から出て起き上がれたか（アラームの音からの時間。このような時間を「潜時」と言います）をグラフで示しています。「A」の部分は「ベースライン期」つまり，ベッドの近くに目覚まし時計を置いている状況での普段の様子を観察している時期です。「B」の部分は，アラームの位置を遠ざけるという介入を行った時期で，グラフを見ると，この期はベースラインよりは多少は潜時が短い，つまり早く布団から出られていたという効果がある程度見られました。そして，再び「A」のベースラインに戻したところ，また布団から出る時間は長くなってしまいました。次に「C」の時期には「アラームの位置を遠ざける」かつ「暖房をセットしておく」という条件に変更したところ，大きな効果が見られました。再び「B」の条件に戻すとやはり潜時は長くなり，再度「C」の条件で効果が期待でき，かつ持続することが明らかとなりました。

本ケースの「指導の結果」

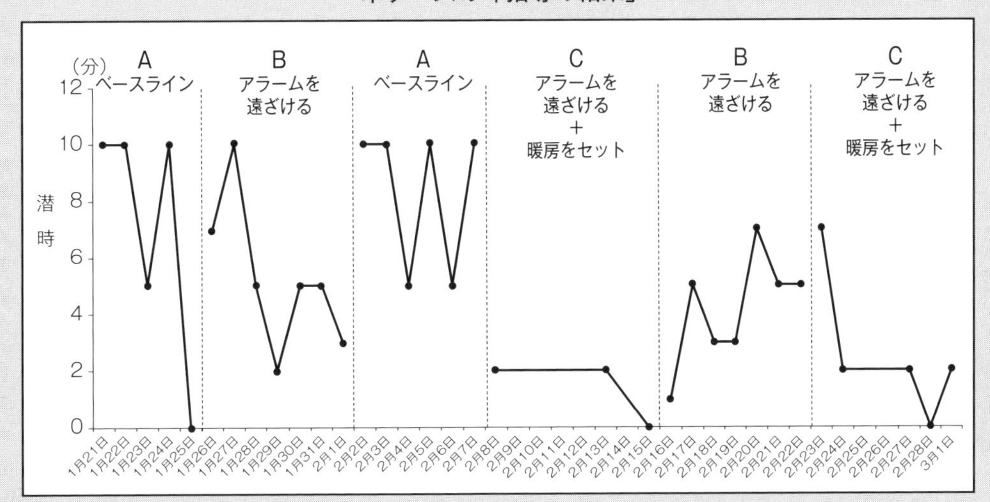

このように，自らの日常的な困っている行動もターゲット行動に選んでさまざまな条件を変更しながら，効果があったかどうかをグラフで視覚化するとわかりやすくなります。

巻末付録

巻末資料 A

「気になる行動」と表現される内容を具体的な行動にするためのフォーム

誰の？ （対象となる人の名前を書く） （プチステップ①）	気になる行動としてまず書き出す （プチステップ①）	具体的な行動か？（観察可能？再現可能？）判定する （プチステップ②）	具体的な行動で表現してみよう！ （プチステップ③）	指導のターゲットとなる適切な具体的な行動に変換する （ターゲット行動となるよう表現する） （プチステップ④）

巻末資料 B

行動の生活マップ作り

目的：子どもと自分の行動を「生活全体の中で」捉え直します。
気になる行動だけではなくて，うまくできていること，その他のことにも目を向けます。

子どもの名前（　　　　　　　　　　　　　）
記入した人　（　　　　　　　　　　　　　）
記入した日　（　　　　　年　　　月　　　日）

■子どもの気になる行動（困った行動）と自分がそれをどう捉えているか。

気になる行動（具体的にどんな行動？）	自分はどう感じているか

■子どもの適切な行動（助かること，なども含めて）

子どもの適切な行動	自分はどう感じているか

自分のこと（子どもと一緒に行ってみたいこと，自分が行いたいことなど）

巻末資料 C

ＡＢＣフレームによる気になる行動を具体化するフォーム

子どもの名前：＿＿＿＿＿＿＿＿ 記入日：＿＿＿＿＿＿＿＿ 記入者：＿＿＿＿＿＿＿＿

A		B		C
気になる行動の直前に起きていた出来事	→	気になる行動 頻度（　　　　　　）	→	気になる行動の後に起きていた出来事

①一つの気になる行動につき，一枚このフォームを使います。
②「気になる行動」「B」の項目をまず一番目に書きます。「具体的に」書きます。
③「頻度」のところには，この行動はどのくらいの頻度で起こっているのかを書きます。（例：　週１回，毎日，など）
④「気になる行動の直前に起きていた出来事」「A」には，誰が（または誰と誰が），何をしているときに，何が起こって（何がきっかけで）気になる行動が起きたか，について書きます。
⑤「気になる行動の後に起きていた出来事」「C」には，気になる行動が起きた後，周囲の人はどう対応したか，どういう結果が生じたかについて書きます。

巻末資料 D

ターゲット行動を絞り込むフォーム （ステップ⑬）

自分が一番指導したい行動から順位をつける（③）	気になる行動の具体的な内容（①）プチステップ③から写す	ターゲットにできそうな適切な行動（②）プチステップ④から写す	自分はそれに取り組めそうか？（実行可能性）（④）	子どもにとっての負担度（⑤）	最終的な優先順位（⑥）

記入の仕方：

1. ①→⑥の順に書き込んでいきます。まず，①の気になる行動の具体的な内容「具体的な行動にするための前のフォーム」からを書き写します。
2. 次に②を記入します。ターゲットにできそうな適切な行動を 1．と同じく前のフォームから書き写します。
3. 次に③を記入します。自分が一番指導したいと思う行動は①の中のどれか，順位を付けていきます。
4. ④実行可能性と⑤子どもにとっての負担度についてそれぞれのターゲットにできそうな適切な行動について整理してみます。
5. 最後に⑥どの課題から取り組むかについての優先順位を出します。（②と一致していないか確認）

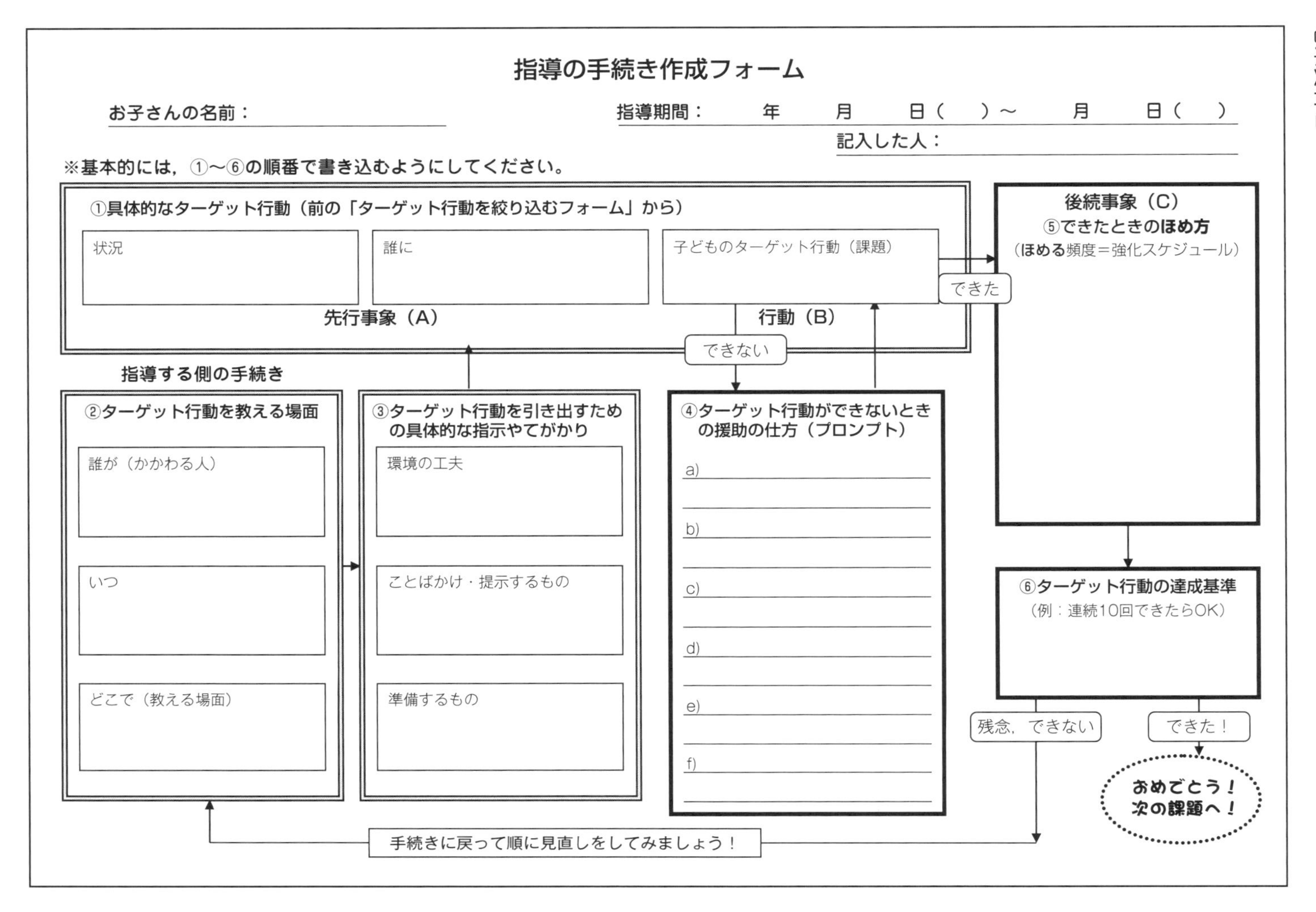

指導の手続き作成フォーム

お子さんの名前：

指導期間：　　年　　月　　日（　）～　　月　　日（　）

記入した人：

※基本的には，①～⑥の順番で書き込むようにしてください。

①具体的なターゲット行動（前の「ターゲット行動を絞り込むフォーム」から）

状況	誰に	子どものターゲット行動（課題）
先行事象（A）		行動（B）

できた

できない

後続事象（C）

⑤できたときのほめ方

（ほめる頻度＝強化スケジュール）

指導する側の手続き

②ターゲット行動を教える場面

- 誰が（かかわる人）
- いつ
- どこで（教える場面）

③ターゲット行動を引き出すための具体的な指示やてがかり

- 環境の工夫
- ことばかけ・提示するもの
- 準備するもの

④ターゲット行動ができないときの援助の仕方（プロンプト）

a)

b)

c)

d)

e)

f)

⑥ターゲット行動の達成基準

（例：連続10回できたらOK）

残念，できない

できた！

おめでとう！
次の課題へ！

手続きに戻って順に見直しをしてみましょう！

巻末資料 F

“大好き”探しの旅

子どもの名前：　　　　記入日：　　　　記入した人：

1. お子さんが喜ぶ活動，好きなもの，遊び，を挙げてください。
（例が３つあります）

活動・物	具体物	程度（頻度）	活動の様子

お子さんの喜ぶ活動，好きなもの，遊びを例にならって以下にご記入ください。

2. その他（お子さんが大好きな誉め言葉など）

巻末資料G

もっと勉強したい方のためのおすすめ書籍ガイド

（1） 親御さんに対して

○井上雅彦　編著（2008, 2010, 2011, 2015）『自閉症の子どものためのABA基本プログラム1～4　家庭で無理なくできるシリーズ　生活・学習課題46，コミュニケーション課題30，生活・自立課題36, 困った行動Q&A』学習研究社

ABAの基本原理と共に自閉症の子どもの家庭療育を無理なく楽しく進めるためにどのように 指導を組み立てていくのかについてわかりやすく述べられている。家庭療育のための課題を具体的に示し，指導のコツやアイデアも随所に織り込まれている。学校の授業でも活用できるほか，ペアレント・トレーニングでの家庭での実践課題としても適用できる。

○山上敏子　監修（1998）『発達障害児を育てる人のための親訓練プログラム　お母さんの学習室』二瓶社

○大隈紘子，伊藤啓介 監修／独立行政法人国立病院機構 肥前精神医療センター情動行動障害センター編（2005）『肥前方式親訓練プログラム AD/HDをもつ子どものお母さんの学習室』二瓶社

ABAを学ぶことを目的としたペアレント・トレーニングの本である。プログラムの考え方や方法，事例，実際に使用したテキストが書かれてあり，大変参考になる。筆者らがペアレント・トレーニングをする際にも参考にさせていただいた。

（2） 先生方に対して

○山本淳一，池田聡子　著（2007）『できる！をのばす　行動と学習の支援―応用行動分析によるポジティブ思考の特別支援教育―』日本標準

○山本淳一，池田聡子　著（2005）『応用行動分析で特別支援教育が変わる―子どもへの指導方略を見つける方程式―』図書文化社

特別支援教育において，特に通常学級において応用行動分析学をどう活用していくか。その答えはここにある。絵を見ながら理解がどんどん進むであろう。

○ロバート・E・オニールら著／三田地真実・神山努・岡村章司・原口英之　訳（2017）『子どもの視点でポジティブに考える　問題行動解決支援ハンドブック』学苑社

気になる行動，いわゆる行動上の問題を示す子どもを指導する際に，まず読んでおきたい一冊である。指導する際の全体的な流れを把握することができるテキストと言える。

(3) ABAをより学びたい親御さんおよび先生方に対して

○P. A. アルバート，A. C. トルートマン 著／佐久間 徹，谷 晋二，大野裕史 訳（2004）『はじめての応用行動分析 日本語版第2版』二瓶社

いわゆるスタンダードなテキストである。初学者はもちろん，「ある程度知っているよ」という方々もぜひ基本的な知識を確認するためにご参照されたい。

○レイモンド･G･ミルテンバーガー 著／園山繁樹，野呂文行，渡部匡隆，大石幸二訳（2006）『行動変容法入門』二瓶社

これもスタンダードなテキストである。『はじめての応用行動分析』（上述）では用いられていない用語や同じ意味でも違う用語が使用されている。用語の確認をしながらじっくり読み進めていただきたい。

○杉山尚子，島宗 理，佐藤方哉，リチャード・W・マロット，マリア・E・マロット 著（1998）『行動分析学入門』産業図書

さまざまな日常で経験する例が出てはくるものの，この本も確実に読み進めて理解していく必要があるだろう。

○小林重雄 監修／山本淳一，加藤哲文 編著（1997）『応用行動分析学入門―障害児者のコミュニケーション行動の実現を目指す―』学苑社

「入門」とあるが，内容は専門的である。応用行動分析学に基づくコミュニケーション行動の指導に関する概要が理解できる。

○坂上貴之・井上雅彦（2018）『行動分析学：行動の科学的理解をめざして』有斐閣アルマ

「機能」をより理解することができる良書である。「行動分析学をはじめて学ぼうとする人のために書かれた教科書」と位置付けられてはいるものの，専門用語が多くやや難解な感は否めないかもしれない。

○ジョン・O・クーパー，ティモシー・E・ヘロン，ウィリアム・L・ヒューワード著／中野良顯 訳『応用行動分析学』明石書店

通称，「ホワイトブック」。行動分析学の専門家としての資格を得るための代表的な教科書である。読み応えのある一冊となっている。

その他にも多くの書籍が出版されています。上記に挙げた書籍を参照しながら，ご自分に合った書籍にあたっていただきたいと思います。

巻末資料Ｈ

プチステップの一覧チェック表

ステップ	番号	具体的な内容	チェック欄
1 ありのまま上手への道	①	「気になる行動」を書き出そう	
	②	①で書き出した「気になる行動」は「具体的な行動」かどうか見直そう ～ありのままに観ることの真の意味はここ～	
	③	本当に減らしたい行動？それとも，大人の期待が隠された行動？ さらには解釈だらけの表現？見極めて具体的な行動で表現しよう	
	④	気になる行動の代わりに何をするのかを考えよう ～それを基に指導のターゲットとなる行動の候補を挙げよう～	
	⑤	生活全体の中で見直そう ～良いところ，できているところ探し～	
2 理由づけ上手への道	⑥	「気になる行動を起こしている子」という見方を横に置いてみよう	
	⑦	「機能している行動」は生き残っているという見方をしよう	
	⑧	気になる行動は機能しているから起こっているという見方をしよう ～気になる行動の真の理由づけ～	
	⑨	ABC フレームで見直してみよう	
	⑩	何がその行動を維持しているのかを見極めよう	
	⑪	気になる行動の代わりになる指導のターゲット行動を見つけ出そう	
		⑪-1　気になる行動と「機能が同じ」代わりになる行動を見つけ出そう	
		⑪-2　気になる行動の代わりになる適切な行動を見つけ出そう	
	⑫	何のために子どもに対して指導をするのかを理解しよう ～指導自体の理由づけ～	
3 観察上手への道	⑬	ターゲット行動を決めよう ～観察する行動を一つに絞り込もう～	
		⑬-1　ターゲット行動になりそうな行動を列挙し，指導したい順位をつける	
		⑬-2　列挙した行動の中からターゲット行動を一つに絞り込む	
	⑭	記録用紙を作ろう ～記録方法を決める～	
	⑮	記録を取って「ベースライン」の重要性を理解しよう	

ステップ	番号	具体的な内容	チェック欄
4 ほめ上手への道	⑯	行動の直後に何が起きているのかをうまく使おう ～「強化の原理」の活用～	
	⑰	うまいほめ方のコツを理解しよう ～強化子について理解する～	
	⑱	ほめる頻度を決めよう～強化スケジュールとは？～	
5 工夫上手への道	⑲	先行事象を工夫しよう ～先行事象にはどのようなものがあるか？～	
	⑳	「環境調整」を行おう ～大きな舞台を整える～	
	㉑	「プロンプト」を活用しよう ～自分一人でターゲット行動ができないとき～	
	㉒	待ち上手になろう ～もう一息になったら「時間遅延法」で意識的に「待つ」～	
	㉓	「指導の手続き作成フォーム」に記入しよう	
6 ふり返り上手への道	㉔	指導を行いながら，記録を取り続けよう	
	㉕	記録の読み取り方を理解しよう ～効果があったか，なかったかを判定する～	
	㉖	常にこれでいいのか考えながら指導しよう	
7 自分観察上手への道	㉗	ゆらぐ自分のプロセスをありのままに観てみよう	

おわりに

本書は，「子育てに活かすABAハンドブック：応用行動分析学の基礎からサポート・ネットワークづくりまで」（日本文化科学社）を改訂したものです。改めて，機能に基づく見方をもとに，お子さんの適切な行動に着目することの重要性について強調しました。また，保護者を対象としたものから，教師である先生方も含めた書籍としました。その理由は，ある子どもさんの指導をうまく行おうとするならば，保護者だけではなく，その子どもさんに関わる先生方も同じ行動の原理を理解して連携を取っていくことが大変重要だからです。専門書との懸け橋になるような入門書としての性格は，前書と同様です。行動分析に関する数多くの書籍にあたる前の，「最初の一歩」として本書をご活用いただければと考えています。自らの知識を確認するための書籍としても活用できると思います。

本書の内容をもとに，これまで親御さんに対してペアレント・トレーニングを行ってきましたが，毎回，お子さんの変化に留まらず，多くの親御さんの子育てに対するポジティブな捉え方の変化を目の当たりにしてきました。ペアレント・トレーニングを実施するたびに，親御さんには敬服いたします。本書をもとに，わが子，もしくは担当しているお子さんへのご自分のかかわりをふり返っていただければと願っております。

初学者のころ，「応用行動分析学とは何たるか」をご教示いただいた先生のご指導のお陰で，本書が完成しました。保護者や先生方にとって理解しやすいものに仕上がり，これまでの学びを少しでも還元できたかなと思っております。多くの学びを与えていただいた諸先生方に心より感謝申し上げます。また，本書の出版にあたり，金剛出版の中村奈々氏には，大変お世話になりました。ありがとうございました。

そして何より，これまでかかわってきた子どもたち，保護者からの多くの学びのお陰で，本書を完成させることができました。本書は，これまで子どもたちや保護者の方々に教えていただいた軌跡をまとめたものでもあります。事例として載せることを快諾してくださった皆様を含め，本当にありがとうございました。

私も含め，本書が子どもと向き合う先行事象として機能することを祈っております。

令和元年5月1日

岡村 章司

[監修者略歴]

井上　雅彦（いのうえ　まさひこ）
鳥取大学大学院医学系研究科臨床心理学講座教授。公認心理師。臨床心理士。
著書に「行動分析学」（共著，有斐閣），「８つの視点でうまくいく！　発達障害のある子の ABA ケーススタディー」（共著，中央法規出版）などがある。
好きな言葉は「理論は実践を高め，実践が理論を作る」

[著者略歴]

三田地　真実（みたち　まみ）
星槎大学大学院教育実践研究科　教授。教育学博士，言語聴覚士。
米国オレゴン大学博士課程修了。著書に「ファシリテーションで大学が変わる」（編著, ナカニシヤ出版），「子育ての問題を PBS で解決しよう！」（監訳，金剛出版）などがある。
好きな言葉は「There is a story（人に物語あり）」

岡村　章司（おかむら　しょうじ）
兵庫教育大学大学院学校教育研究科特別支援教育専攻発達障害支援実践コース　教授。
博士（学校教育学）。臨床心理士，特別支援教育士 SV，公認心理師。
著書に「６つの領域から支援する自閉症スペクトラムのある子どもの人間関係形成プログラム」（編著，学苑社），翻訳書に「子どもの視点でポジティブに考える問題行動解決支援ハンドブック」（訳, 金剛出版）などがある。
好きな言葉は「おもしろきこともなき世をおもしろく」

保護者と先生のための
応用行動分析入門ハンドブック
子どもの行動を「ありのまま観る」ために

2019年 6月10日 発行
2024年10月10日 6刷

監修者 井上雅彦
著 者 三田地真実・岡村章司
発行者 立石正信
印刷・製本 三報社印刷
装丁 mg-okada
発行所 株式会社 金剛出版
〒112-0005 東京都文京区水道1-5-16
電話 03-3815-6661 振替 00120-6-34848

ISBN978-4-7724-1693-1 C3011

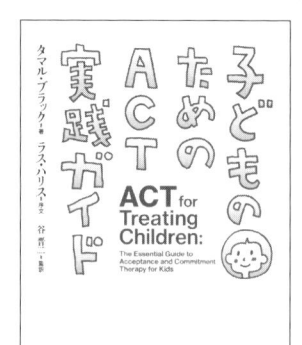